TRANZLATY

Sprache ist für alle da

ژبه د هر چا لپاره ده

Das Kommunistische Manifest

مانیفست کمونیستی

Karl Marx
&
Friedrich Engels

Deutsch / پښتو

ISBN: 978-1-80572-336-3

Original text by Karl Marx and Friedrich Engels

The Communist Manifesto

First published in 1848

www.tranzlaty.com

Einleitung

سريزه

Ein Gespenst geht um in Europa – das Gespenst des Kommunismus

یک شبح اروپا را آزار می دهد ـ شبح کمونیزم

Alle Mächte des alten Europa sind eine heilige Allianz eingegangen, um dieses Gespenst auszutreiben

د زاره اروپا ټول قدرتونه د دې شبح د له منځه ورلو لپاره په یوه سپېڅلی اتحاد کې داخل شوی دی

Papst und Zaren, Metternich und Guizot, französische Radikale und deutsche Polizeispione

پاپ و تزار ، مترنیخ و گیزو ، رادیکالهای فرانسوی و جاسوسان پولیس آلمان

Wo ist die Oppositionspartei, die von ihren Gegnern an der Macht nicht als kommunistisch verschrien wurde?

کجا است حزب مخالف که توسط مخالفان خود در قدرت به عنوان کمونیست محکوم نشده است ؟

Wo ist die Opposition, die nicht den Brandvorwurf des Kommunismus gegen die fortgeschritteneren Oppositionsparteien zurückgeschleudert hat?

کجاست اپوزیسیون که سرزنش کمونیزم را علیه احزاب اپوزیسیون پیشرفته تر رد نکرده است ؟

Und wo ist die Partei, die den Vorwurf nicht gegen ihre reaktionären Gegner erhoben hat?

و کجا است حزبی که این اتهام را علیه مخالفان ارتجاعی خود وارد نکرده است ؟

Aus dieser Tatsache ergeben sich zweierlei

له دې حقیقت څخه دوه شیان پایله لری

I. Der Kommunismus wird bereits von allen europäischen Mächten als eine Macht anerkannt

کمونیزم از قبل توسط تمام قدرت های اروپایی پذیرفته شده است که خود یک قدرت است

II. Es ist höchste Zeit, dass die Kommunisten ihre Ansichten, Ziele und Tendenzen offen vor der ganzen Welt offenlegen

زمان آن فرا رسیده است که کمونیست ها در مقابل تمام جهان ، دیدگاه ها ، اهداف و تمایلات خود را آشکارا منتشر کنند

sie müssen diesem Kindermärchen vom Gespenst des Kommunismus mit einem Manifest der Partei selbst begegnen

آنها باید این داستان کودکی شبح کمونیزم را با یک مانیفست خود حزب ملاقات کنند

Zu diesem Zweck haben sich Kommunisten verschiedener Nationalitäten in London versammelt und folgendes Manifest entworfen

برای این منظور ، کمونیست های مختلف از ملیت های مختلف در لندن گرد هم آمدند و این مانیفست را ترسیم کردند

Dieses Manifest wird in deutscher, englischer, französischer, italienischer, flämischer und dänischer Sprache veröffentlicht

دا منشور باید په انگلیسی ، فرانسوی ، آلمانی ، ایتالوی ، فلاندری او دنمارکی ژبو خپور شی

Und jetzt soll es in allen Sprachen veröffentlicht werden, die Tranzlaty anbietet

یی وراندي کوی Tranzlaty او اوس باید په تولو ژبو کي خپره شی چی

Bourgeois und Proletarier

بورژوازی و پرولتاریا

Die Geschichte aller bisherigen Gesellschaften ist die Geschichte der Klassenkämpfe

تاریخ تمام جوامع موجود ، تاریخ مبارزات طبقاتی است

Freier und Sklave, Patrizier und Plebejer, Herr und Leibeigener, Zunftmeister und Geselle

فری مین او غلام ، اشرافی او پلبین ، بادار او رعیت ، د انجمن استاد او مسافر

mit einem Wort, Unterdrücker und Unterdrückte

در یک کلام، ظالم و مظلوم

Diese sozialen Klassen standen in ständiger Opposition zueinander

دا تولنیز طبقی تل یو د بل په مخالفت کې ولاړ وو

Sie führten einen ununterbrochenen Kampf. Jetzt versteckt, jetzt offen

هغوی بی وقفه جګړه وکړه. اوس پټ دی، اوس پرانیستل دی

Ein Kampf, der entweder in einer revolutionären Rekonstitution der Gesellschaft als Ganzes endete

مبارزه ای که یا به یک انقلابی بازسازی جامعه به پایان رسید

oder ein Kampf, der im gemeinsamen Ruin der streitenden Klassen endete

یا جنګی که به تباهی مشترک طبقات متخاصم ختم شد

Blicken wir zurück auf die früheren Epochen der Geschichte

راخۍ چی د تاریخ پخوانیو دورو ته وګورو

Wir finden fast überall eine komplizierte Einteilung der Gesellschaft in verschiedene Ordnungen

موږ تقریباً په هر ځای کې د تولني یو د پیچلی ترتیب په مختلفو نظمونو کې وینو

Es gab schon immer eine mannigfaltige Abstufung des sozialen Ranges

تل د تولنیز رتبی ځو برابره درجه بندی شوی ده

Im alten Rom gibt es Patrizier, Ritter, Plebejer, Sklaven

په لرغونی روم کې موږ پاتریسیان، شوالیه، پلیبین، غلامان لرو

im Mittelalter: Feudalherren, Vasallen, Zunftmeister, Gesellen, Lehrlinge, Leibeigene

په منځنیو پیریو کي: فیودال سالاران، رعیت لر، د انجمن استادان مسافرین، شاگردان، رعیت

In fast allen diesen Klassen sind wiederum untergeordnete Abstufungen

تقریاً په دي تولو تولګیو کې ، بیا هم ، ماتحت درجه بندی

Die moderne Bourgeoisie Gesellschaft ist aus den Trümmern der feudalen Gesellschaft hervorgegangen

جامعه بورژوازی مدرن از ویرانه های جامعه فیودالی جوانه زده است

Aber diese neue Gesellschaftsordnung hat die Klassengegensätze nicht beseitigt

اما این نظم جدید اجتماعی تضادهای طبقاتی را از بین نبرد

Sie hat nur neue Klassen und neue Unterdrückungsbedingungen geschaffen

این فقط طبقات جدید و شرایط جدید ظلم را ایجاد کرده است

Sie hat neue Formen des Kampfes an die Stelle der alten gesetzt

د زړو مبارزو پر ځای یي د مبارزي نوي بڼي رامنځته کړي دی

Die Epoche, in der wir uns befinden, weist jedoch eine Besonderheit auf

با این حال ، دوره ای که ما خود را در آن می یابیم دارای یک ویژگی متمایز است

die Epoche der Bourgeoisie hat die Klassengegensätze vereinfacht

عصر بورژوازی تضادهای طبقاتی را ساده کرده است

Die Gesellschaft als Ganzes spaltet sich mehr und mehr in zwei große feindliche Lager

جامعه به عنوان یک کل بیشتر و بیشتر به دو اردوگاه های متخاصم بزرگ تقسیم می شود

zwei große soziale Klassen, die sich direkt gegenüberstehen: Bourgeoisie und Proletariat

: دو طبقه اجتماعی بزرگ که مستقیما در مقابل یکدیگر قرار داشتند بورژوازی و پرولتاریا

Aus den Leibeigenen des Mittelalters gingen die Bürger der ersten Städte hervor

د منځنیو پیریو د رعیت څخه د لومړنیو ښارونو چارتر برګران راپورته شول

Aus diesen Bürgern entwickelten sich die ersten Elemente
der Bourgeoisie

له دغو برګيسونو څخه د بورژوازى لومړنى عناصر وده وموندله

Die Entdeckung Amerikas und die Umrundung des Kaps

د امريكا كشف او د كيپ ګردچاپيره

diese Ereignisse eröffneten der aufstrebenden Bourgeoisie
neues Terrain

اين رويدادها زمينه تازه اى را براى بورژوازى در حال ظهور باز كرد

Die ostindischen und chinesischen Märkte, die
Kolonisierung Amerikas, der Handel mit den Kolonien

بازارهاى هند شرقى و چين ، استعمار آمريكا ، تجارت با مستعمرات

die Vermehrung der Tauschmittel und der Waren überhaupt

د تبادلى په وسايلو او په عمومى توګه د اجناسو زياتوالى

Diese Ereignisse gaben dem Handel, der Schiffahrt und der
Industrie einen nie gekannten Impuls

دي پيښو سوداګرى ، كښتيو چلولو او صنعت ته داسى انګيزه وركړه چى
مخكي له دي نه پيژندل شوى وه

Sie gab dem revolutionären Element in der wankenden
feudalen Gesellschaft eine rasche Entwicklung

اين امر به عنصر انقلابى در جامعه متزلزل فيودالى سرعت بخشيد

Geschlossene Zünfte hatten das feudale System der
industriellen Produktion monopolisiert

تړل شويو اصناف د صنعتى توليد فيودالى سيستم انحصار كړى وو

Doch das reichte den wachsenden Bedürfnissen der neuen
Märkte nicht mehr aus

خو دا نور د نويو بازارونو د زياتيدونكو غوښتنو لپاره كافى نه و

Das Manufaktursystem trat an die Stelle des feudalen
Systems der Industrie

د توليدى سيستم د صنعت د فيودالى سيستم ځاى ونيو

Die Zunftmeister wurden vom produzierenden Bürgertum
auf die Seite gedrängt

د انجمن ماستران د توليدى منځنى طبقى له خوا له يوي خوا ټيل وهلى وو

Die Arbeitsteilung zwischen den verschiedenen
korporativen Innungen verschwand

د مختلفو شركتونو د انجمنونو تر منځ د كار ويش له منځه ولارل

Die Arbeitsteilung durchdrang jede einzelne Werkstatt

د کار ویش په هر ورکشاپ کې نفوذ وکړ

In der Zwischenzeit wuchsen die Märkte immer weiter und die Nachfrage stieg immer weiter

په عین وخت کې، بازارونه هر وخت په وده کې وو، او تقاضا هر وخت په لوریدو وه

Selbst Fabriken reichten nicht mehr aus, um den Anforderungen gerecht zu werden

حتی فابریکې هم د غوښتنو پوره کولو لپاره کافي نه وو

Daraufhin revolutionierten Dampf und Maschinen die industrielle Produktion

پس از آن ، بخار و ماشین آلات انقلابی در تولید صنعتی ایجاد کردند

An die Stelle der Manufaktur trat der Riese, die moderne Industrie

د تولید ځای د غول ، عصری صنعت لخوا ونیول شو

An die Stelle des industriellen Mittelstandes traten industrielle Millionäre

د صنعتی منځنی طبقې ځای د صنعتی میلیونرانو لخوا ونیول شو

an die Stelle der Führer ganzer Industriearmeen trat die moderne Bourgeoisie

د ټولو صنعتی لښکرو د مشرانو ځای د معاصر بورژوازی له خوا ونیول شو

die Entdeckung Amerikas ebnete der modernen Industrie den Weg zur Etablierung des Weltmarktes

د امریکا کشف د عصری صنعت لپاره لاره هواره کړه د نړیوال بازار جوړ کړی

Dieser Markt gab dem Handel, der Schifffahrt und der Kommunikation auf dem Landweg eine ungeheure Entwicklung

دی بازار د خُمکی د لاری سوداگری، کښتیو او اړیکو ته بی ساری پرمختگ ورکړ

Diese Entwicklung hat seinerzeit auf die Ausdehnung der Industrie reagiert

دا پرمختگ په خپل وخت کې د صنعت د پراختیا په اړه غبرګون ښنودلی دی

Sie reagierte in dem Maße, wie sich die Industrie ausbreitete, und wie sich Handel, Schiffahrt und Eisenbahn ausdehnten

دا په تناسب غبرګون بنیی چی ځنګه صنعت پراخ شو ، او ځنګه سوداګری ، ناوبری او د اورګادی پټلی پراخه شوه

in demselben Maße, in dem sich die Bourgeoisie entwickelte, vermehrte sie ihr Kapital

به همان نسبت که بورژوازی توسعه داد ، سرمایه خود را افزایش دادند

und das Bourgeoisie drängte jede aus dem Mittelalter überlieferte Klasse in den Hintergrund

و بورژوازی هر طبقه ای را که از قرون وسطی به ارث رسیده بود ، به پس زمینه هل داد

daher ist die moderne Bourgeoisie selbst das Produkt eines langen Entwicklungsganges

بنابراین بورژوازی مدرن خود محصول یک دوره طولانی توسعه است

Wir sehen, dass es sich um eine Reihe von Revolutionen in der Produktions- und Tauschweise handelt

ما می بینیم که این یک سلسله انقلابات در شیوه های تولید و مبادله است

Jeder Schritt der Bourgeoisie Entwicklung ging mit einem entsprechenden politischen Fortschritt einher

هر پرمختیایی بورژوازی ګام د سیاسی پرمختګ سره مل و

Eine unterdrückte Klasse unter der Herrschaft des feudalen Adels

د فیوډال اشرافیت تر نفوذ لاندي مظلوم طبقه

ein bewaffneter und selbstverwalteter Verein in der mittelalterlichen Kommune

یک انجمن مسلح و خود مختار در کمون قرون وسطی

hier eine unabhängige Stadtrepublik (wie in Italien und Deutschland)

دلته ، یو خپلواک بنارى جمهوریت)لکه په ایتالیا او جرمنی کی(

dort ein steuerpflichtiger "dritter Stand" der Monarchie (wie in Frankreich)

هلته ، د سلطنت د مالياتو ور "دریمه دولته) "لکه په فرانسه(

Danach, in der Zeit der eigentlichen Herstellung

وروسته، د تولید په وخت کی مناسب

die Bourgeoisie diente entweder der halbfeudalen oder der
absoluten Monarchie

بورژوازي يا نيمه فيودالي يا مطلقه سلطنت خدمت کاوه

oder die Bourgeoisie fungierte als Gegengewicht zum Adel

يا بورژوازي د اشرافيانو په وراندي د يو متقابل عمل په توگه عمل وکر

und in der Tat war die Bourgeoisie ein Eckpfeiler der großen
Monarchien überhaupt

او په حقيقت کي بورژوازي په توليز ډول د سترو سلطنتونو د بنسټ ډبره
وه

aber die moderne Industrie und der Weltmarkt haben sich
seitdem etabliert

خو عصري صنعت او نړيوال بازار له هغه وخت راهيسي خپل ځان
جوړ کړ

und die Bourgeoisie hat sich die ausschließliche politische
Herrschaft erobert

و بورژوازي براي خود حاکميت سياسي انحصاري را تسخير کرده است

sie erreichte diese politische Herrschaft durch den
modernen repräsentativen Staat

اين نفوذ سياسي را از طريق نماينده دولت مدرن به دست آورد

Die Exekutive des modernen Staates ist nichts anderes als
ein Verwaltungskomitee

د مدرن دولت اجرائيوي څارواکي يوازي يوه مديريتي کميټه ده

und sie leiten die gemeinsamen Angelegenheiten der
gesamten Bourgeoisie

او د ټول بورژوازي گډي چاري سمبالوي

Die Bourgeoisie hat historisch gesehen eine höchst
revolutionäre Rolle gespielt

بورژوازي ، از لحاظ تاريخي ، بسيار انقلابي نقش داشته است

Wo immer sie die Oberhand gewann, machte sie allen
feudalen, patriarchalischen und idyllischen Verhältnissen
ein Ende

هر چېرته چي يي برتري ترلاسه کړه ، ټولي فيودالي ، پدرسالارانه او
بت لرونکي اړيکي يي پاي ته ورسولي

Sie hat erbarmungslos die bunten feudalen Bande zerrissen,
die den Menschen an seine "natürlichen Vorgesetzten"
banden

این بی رحمانه روابط مختلف فیودالی را که انسان را به "مافوقان طبیعی "خود پیوند می داد ، پاره کرده است

Und es ist kein Nexus zwischen Mensch und Mensch übrig geblieben, außer nacktem Eigeninteresse

و هیچ رابطه ای بین انسان و انسان باقی نمانده است ، به جز منافع شخصی برهنه

Die Beziehungen der Menschen zueinander sind zu nichts anderem geworden als zu einer gefühllosen "Geldzahlung"

"روابط انسان با یکدیگر به چیزی بیش از بی رحمانه "پرداخت نقدی تبدیل نشده است

Sie hat die himmlischsten Ekstasen religiöser Inbrunst ertränkt

دا د مذهبی جذبی تر تولو آسمانی وجد غرق کری دی

sie hat ritterlichen Enthusiasmus und philiströsen Sentimentalismus übertönt

این شور و شوق جوانمردانه و احساسات فلسفی را غرق کرده است

Sie hat diese Dinge im eisigen Wasser des egoistischen Kalküls ertränkt

این چیزها را در آب یخ زده محاسبات خودخواهانه غرق کرده است

Sie hat den persönlichen Wert in Tauschwert aufgelöst

دا شخصی ارزښت د تبادلی ور ارزښت ته حل کری دی

Sie hat die zahllosen und unveräußerlichen verbrieften Freiheiten ersetzt

این جایگزین بی شمار و غیر قابل دفاع منشور آزادی ها شده است

und sie hat eine einzige, skrupellose Freiheit geschaffen; Freihandel

و یک آزادی واحد و بی وجدان را ایجاد کرده است .آزادي سوداگری

Mit einem Wort, sie hat dies für die Ausbeutung getan

در یک کلمه ، این کار را برای استثمار انجام داده است

Ausbeutung, verschleiert durch religiöse und politische Illusionen

استثمار د مذهبی او سیاسی توهماتو په وسیله پرده پورته کوی

Ausbeutung verschleiert durch nackte, schamlose, direkte, brutale Ausbeutung

استثمار پوشیده از برهنه، بی شرم، مستقیم، وحشیانه استثمار

die Bourgeoisie hat den Heiligenschein von jedem zuvor
geehrten und verehrten Beruf abgestreift

بورژوازی هاله را از هر شغل محترم و محترم قبلی محروم کرده است

der Arzt, der Advokat, der Priester, der Dichter und der
Mann der Wissenschaft

طبیب ، وکیل ، کشیش ، شاعر او د ساینس سړی

Sie hat diese ausgezeichneten Arbeiter in ihre bezahlten
Lohnarbeiter verwandelt

این کارگران ممتاز را به مزدوری مزدوران خود تبدیل کرده است

Die Bourgeoisie hat der Familie den sentimentalen Schleier
weggerissen

بورژوازی پرده احساساتی را از خانواده جدا کرده است

Und sie hat das Familienverhältnis auf ein bloßes
Geldverhältnis reduziert

او کورنی اریکي یې یوازي د پیسو اریکي ته راټیټي کړي

die brutale Zurschaustellung der Kraft im Mittelalter, die
die Reaktionäre so sehr bewundern

نمایش وحشیانه نیرو در قرون وسطی که ارتجاعی ها بسیار تحسین می
کنند

Auch diese fand ihre passende Ergänzung in der trägesten
Trägheit

حتی دا هم په ډېرو سستی کې خپل مناسب بشپړتیا ومونداله

Die Bourgeoisie hat enthüllt, wie es dazu gekommen ist

بورژوازی فاش کرده است که چگونه این همه اتفاق افتاد

Die Bourgeoisie war die erste, die gezeigt hat, was die
Tätigkeit des Menschen bewirken kann

بورژوازی اولین کسی بود که نشان داد که فعالیت انسان چه چیزی می
تواند به ارمغان بیاورد

Sie hat Wunder vollbracht, die ägyptische Pyramiden,
römische Aquädukte und gotische Kathedralen bei weitem
übertreffen

دا حیرانوونکی کارونه ترسره کړی دی چی د مصر اهرامو، رومی
قناتو، او گوتیک کلیساگانو څخه ډیر زیات دی

und sie hat Expeditionen durchgeführt, die alle früheren
Auszüge von Nationen und Kreuzzügen in den Schatten
stellten

او هغه لښکري ترسره کړي چي د ملتونو او صليبي جګړو تولي پخوانۍ
هجرت يي په سيورى کي اچولي دى

**Die Bourgeoisie kann nicht existieren, ohne die
Produktionsmittel ständig zu revolutionieren**

بورژوازى بدون انقلابى مداوم در ابزار توليد نمى تواند وجود داشته باشد

**und damit kann sie nicht ohne ihre Beziehungen zur
Produktion existieren**

و به این ترتیب بدون ارتباط با توليد وجود ندارد

**und deshalb kann sie nicht ohne ihre Beziehungen zur
Gesellschaft existieren**

او له دى امله له تولنى سره د اريکو پرته نه شى کېداى

**Alle früheren Industrieklassen hatten eine Bedingung
gemeinsam**

تولو پخوانيو صنعتي طبقو يو مشترک شرط درلود

Sie setzten auf die Bewahrung der alten Produktionsweisen

دوى د توليد د زړو بنو په ساتنه تکيه کوى

**aber die Bourgeoisie brachte eine völlig neue Dynamik mit
sich**

اما بورژوازى یک ديناميک کاملا جديد را با خود به ارمغان آورد

**Ständige Revolutionierung der Produktion und
ununterbrochene Störung aller gesellschaftlichen
Verhältnisse**

انقلاب مداوم در توليد و اختلال بى وقفه در تمام شرايط اجتماعى

**diese immerwährende Unsicherheit und Unruhe
unterscheidet die Epoche der Bourgeoisie von allen früheren**

دغه ابدى بى يقينى او تحريک، بورژوازى دوري له تولو پخوانيو دورو
څخه متمايز کوى

**Die bisherigen Beziehungen zur Produktion waren mit alten
und ehrwürdigen Vorurteilen und Meinungen verbunden**

روابط قبلى با توليد با تعصبات و نظريات قديمى و محترم همراه بود

**Aber all diese festgefahrenen, eingefrorenen Beziehungen
werden hinweggefegt**

اما همه این روابط ثابت و سريع منجمد شده از بين رفته اند

**Alle neu gebildeten Verhältnisse werden antiquiert, bevor
sie erstarren können**

تولي نوي جوړي شوي اريکي مخکي له دي چي متحجر شى زاړه کېږى

Alles, was fest ist, zerschmilzt in Luft, und alles, was heilig ist, wird entweiht

هر څه چي جامد دی په هوا کي ویلی کیږی ، او هر هغه څه چی مقدس دی بی حرمتی کیږی

Der Mensch ist endlich gezwungen, mit nüchternen Sinnen seinen wirklichen Lebensbedingungen ins Auge zu sehen

انسان بالاخره مجبور می شود با حواس هوشیار ، شرایط واقعی زندگی خود روبرو شود

und er ist gezwungen, sich seinen Beziehungen zu seinesgleichen zu stellen

او مجبور دی چي له خپل ډول سره د خپلو اریکو سره مخامخ شی

Die Bourgeoisie muss ständig ihre Märkte für ihre Produkte erweitern

بورژوازی به طور مداوم نیاز دارد تا بازارهای خود را برای محصولات خود گسترش دهد

und deshalb wird die Bourgeoisie über die ganze Erdoberfläche gejagt

او له همدي امله بورژوازی د نړۍ په ټوله سطحه تعقیب کیږی

Die Bourgeoisie muss sich überall einnisten, sich überall niederlassen, überall Verbindungen herstellen

بورژوازی باید په هر ځای کی ځای پر ځای شی ، په هر ځای کی ځای پر ځای شی ، په هر ځای کي اریکي ټینگي کړی

Die Bourgeoisie muss in jedem Winkel der Welt Märkte schaffen, um sie auszubeuten

بورژوازی باید بازارها را در هر گوشه جهان ایجاد کند تا از آن بهره برداری کند

Die Produktion und der Konsum in jedem Land haben einen kosmopolitischen Charakter erhalten

تولید و مصرف در هر کشور به یک ماهیت جهانی داده شده است

der Verdruss der Reaktionäre ist mit Händen zu greifen, aber er hat sich trotzdem fortgesetzt

غم ارتجاعی ها قابل لمس است ، اما بدون در نظر گرفتن ادامه دارد

Die Bourgeoisie hat der Industrie den nationalen Boden, auf dem sie stand, unter den Füßen weggezogen

بورژوازی از زیر پښو صنعت ، زمین ملی را که در آن ایستاده بود بیرون کشیده است

Alle alteingesessenen nationalen Industrien sind zerstört
worden oder werden täglich zerstört

تول پخوانۍ ملي صنايعو له منځه تللى دى ، يا هره ورځ له منځه ځی

Alle alteingesessenen nationalen Industrien werden durch
neue Industrien verdrängt

تول زاره ملي صنايع د نويو صنايعو له خوا له منځه ځی

Ihre Einführung wird zu einer Frage von Leben und Tod für
alle zivilisierten Völker

معرفی آنها به یک سوال مرگ و زندگی برای تمام ملت های متمدن
تبدیل می شود

Sie werden von Industrien verdrängt, die keine heimischen
Rohstoffe mehr verarbeiten

دوی د صنايعو لخوا بي ځايه کيږي چې نور د بومی خام موادو کار نه
کوی

Stattdessen beziehen diese Industrien Rohstoffe aus den
entlegensten Zonen

په عوض کې، دا صنعتونه خام مواد له لري پرتو سيمو څخه راباسی

Industrien, deren Produkte nicht nur zu Hause, sondern in
allen Teilen der Welt konsumiert werden

صنایع که محصولات آنها نه تنها در خانه بلکه در هر نقطه از جهان
مصرف می شود

An die Stelle der alten Bedürfnisse, die durch die
Erzeugnisse des Landes befriedigt werden, treten neue
Bedürfnisse

به جای خواسته های قدیمی ، که از تولیدات کشور راضی می شود ، ما
خواسته های جدیدی پیدا می کنیم

Diese neuen Bedürfnisse bedürfen zu ihrer Befriedigung
der Produkte aus fernen Ländern und Klimazonen

دا نوي غوښتنې د هغوی د ارضای لپاره د لري پرتو ځمکو او اقلیمی
محصولاتو ته ارتيا لری

An die Stelle der alten lokalen und nationalen
Abgeschiedenheit und Selbstversorgung tritt der Handel

به جای انزوا و خودکفایی قدیمی محلی و ملی ، ما تجارت داریم

internationaler Austausch in alle Richtungen; universelle
Interdependenz der Nationen

تبادله بین المللی در هر جهت ؛ د ملتونو نړیوال متقابل وابستګی

Und so wie wir von Materialien abhängig sind, so sind wir von der intellektuellen Produktion abhängig

و همانطور که ما به مواد وابسته هستیم ، ما نیز به تولید فکری وابسته هستیم

Die geistigen Schöpfungen der einzelnen Nationen werden zum Gemeingut

د انفرادی ملتونو فکری تخلیقات د مشترک ملکیت گرځی

Nationale Einseitigkeit und Engstirnigkeit werden immer unmöglicher

ملی یو ارخیزه توب او تنگ نظری ورځ تر بلی ناممکنه کیږی

Und aus den zahlreichen nationalen und lokalen Literaturen entsteht eine Weltliteratur

او د ګڼ شمېر ملی او محلی ادبیاتو څخه ، یو نړیوال ادبیات را پورته کیږی

durch die rasche Verbesserung aller Produktionsmittel

د تولید د تولو وسایلو د چټک پرمختگ له لاري

durch die immens erleichterten Kommunikationsmittel

د اړیکو د بی ساري اسانتیاوو له لاري

Die Bourgeoisie zieht alle (auch die barbarischsten Nationen) in die Zivilisation hinein

بورژوازی همه)حتی وحشی ترین ملت ها (را به تمدن می کشاند

Die billigen Preise seiner Waren; die schwere Artillerie, die alle chinesischen Mauern niederreißt

د هغه د اجناسو ارزانه بیه ؛ دروند توپخانی چی د چین د تول دیوالونه وران کوی

Der hartnäckige Fremdenhass der Barbaren wird zur Kapitulation gezwungen

نفرت شدید وحشی ها از خارجیان مجبور به تسلیم شدن می شود

Sie zwingt alle Nationen, unter Androhung des Aussterbens, die Bourgeoisie Produktionsweise anzunehmen

این امر تمام ملت ها را مجبور می کند تا شیوه تولید بورژوازی را اتخاذ کنند

Sie zwingt sie, das, was sie Zivilisation nennt, in ihre Mitte einzuführen

دا هغوی دي ته ار كوي چي هغه څه چي تمدن بولي د دوی په منځ كي
معرفي كړي

Die Bourgeoisie zwingt die Barbaren, selbst zur Bourgeoisie
zu werden

بورژوازي بربريان دي ته ار باسي چي خپله بورژوازي شي

mit einem Wort, die Bourgeoisie schafft sich eine Welt nach
ihrem Bilde

در یک کلام، بورژوازی جهان را پس از تصویر خود خلق می کند

Die Bourgeoisie hat das Land der Herrschaft der Städte
unterworfen

بورژوازی روستاها را تحت حاكمیت شهرها قرار داده است

Sie hat riesige Städte geschaffen und die Stadtbevölkerung
stark vergrößert

دا لوی ښارونه جوړ کړی او د ښاری نفوس یی ډیر زیات کړی دی

Sie rettete einen beträchtlichen Teil der Bevölkerung vor der
Idiotie des Landlebens

دي د خلکو یوه مهمه برخه د کلیوالی ژوند له حماقت څخه وژغورله

Aber sie hat die Menschen auf dem Lande von den Städten
abhängig gemacht

خو د کلیوالو سیمو خلک یي په ښارونو پوري تړلی کړی دی

Und ebenso hat sie die barbarischen Länder von den
zivilisierten abhängig gemacht

و به همین ترتیب، کشورهای بربر را وابسته به کشورهای متمدن کرده
است

Bauernnationen gegen Völker der Bourgeoisie, Osten gegen
Westen

ملت دهقانان بر ملت های بورژوازی، شرق در غرب

Die Bourgeoisie beseitigt den zerstreuten Zustand der
Bevölkerung mehr und mehr

بورژوازی بیش از پیش دولت پراکنده مردم را از بین می برد

Sie hat die Produktion agglomeriert und das Eigentum in
wenigen Händen konzentriert

این تولید را جمع آوری کرده است، و دارایی را در چند دست متمرکز
کرده است

Die notwendige Konsequenz daraus war eine politische
Zentralisierung

نتیجه ضروری این امر تمرکز سیاسی بود

Es gab unabhängige Nationen und lose miteinander verbundene Provinzen

خپلواکه ملتونه او په پراخه کچه سره ترلی ولایتونه وو

Sie hatten getrennte Interessen, Gesetze, Regierungen und Steuersysteme

دوی جلا ګټې ، قوانین ، حکومتونه او د مالياتو سيستمونه درلودل

Aber sie sind zu einer Nation zusammengeschmolzen, mit einer Regierung

اما آنها در یک ملت ، با یک دولت جمع شده اند

Sie haben jetzt ein nationales Klasseninteresse, eine Grenze und einen Zolltarif

آنها اکنون دارای یک منافع طبقاتی ملی ، یک سرحد و یک تعرفه گمرکی هستند

Und dieses nationale Klasseninteresse ist unter einem Gesetzbuch vereinigt

و این منافع طبقاتی ملی تحت یک قانون متحد شده است

die Bourgeoisie hat während ihrer knapp hundertjährigen Herrschaft viel erreicht

بورژوازی در طول صد سال حاکمیت خود دستاوردهای زیادی داشته است

massivere und kolossalere Produktivkräfte als alle vorhergehenden Generationen zusammen

د پخوانيو نسلونو په پرتله ډير عظيم او عظيم توليدی ځواکونه

Die Kräfte der Natur sind dem Willen des Menschen und seiner Maschinerie unterworfen

نیروهای طبیعت تابع اراده انسان و ماشین او هستند

Die Chemie wird auf alle Industrieformen und Landwirtschaftsformen angewendet

کیميا د صنعت په ټولو ډولونو او د زراعت په ډولونو کې کارول کيږی

Dampfschiffahrt, Eisenbahnen, elektrische Telegraphen und die Druckerpresse

د بخار لارښوونه، د اورګادی پټلی، برقی تلګراف، او د چاپ مطبعه

Rodung ganzer Kontinente für den Anbau, Kanalisierung von Flüssen

د کرنی لپاره د ټولو لويو وچو پاکول ، د سیندونو کانال کول

ganze Populationen wurden aus dem Boden gezaubert und an die Arbeit gebracht

تول نفوس له خمکي څخه راویستل شوی او په کار اچول شوی دی

Welches frühere Jahrhundert hatte auch nur eine Ahnung von dem, was entfesselt werden könnte?

کدام قرن اول حتی یک پیش بینی داشت که چه چیزی می توانست آزاد شود؟

Wer hat vorausgesagt, dass solche Produktivkräfte im Schoß der gesellschaftlichen Arbeit schlummern?

چه کسی پیش بینی کرده بود که چنین نیروهای تولیدی در دامن کار اجتماعی خوابیده می شوند ؟

Wir sehen also, daß die Produktions- und Tauschmittel in der feudalen Gesellschaft erzeugt wurden

پس می بینیم که وسایل تولید و مبادله در جامعه فیودالی تولید شده است

die Produktionsmittel, auf deren Grundlage sich die Bourgeoisie aufbaute

وسیله تولید که بورژوازی خود را بر اساس آن بنا نهاد

Auf einer bestimmten Stufe der Entwicklung dieser Produktions- und Tauschmittel

د تولید او تبادلي د دې وسايلو د پراختیا په یوه ټاکلی پراو کې

die Bedingungen, unter denen die feudale Gesellschaft produzierte und tauschte

شرایط که تحت آن جامعه فیودالی تولید و مبادله می شود

Die feudale Organisation der Landwirtschaft und des verarbeitenden Gewerbes

د زراعت او تولیدی صنعت فیودالی سازمان

Die feudalen Eigentumsverhältnisse waren mit den materiellen Verhältnissen nicht mehr vereinbar

د ملکیت فیودالی اړیکي نور د مادی شرایطو سره سمون نه خوری

Sie mussten gesprengt werden, also wurden sie auseinandergesprengt

دوی باید توتي توتي شوی وای ، نو توتي توتي شول

An ihre Stelle trat die freie Konkurrenz der Produktivkräfte

د هغوی پر ځای د تولیدی ځواکونو څخه آزاده رقابت گام واخیست

Und sie wurden von einer ihr angepassten sozialen und politischen Verfassung begleitet

او له دوی سره سره یو تولنیز او سیاسی اساسی قانون هم ورسره مل و چې له هغه سره تطابق درلود

und sie wurde begleitet von der ökonomischen und
politischen Herrschaft der Bourgeoisie Klasse

و با نفوذ اقتصادی و سیاسی طبقه بورژوازی همراه بود

Eine ähnliche Bewegung vollzieht sich vor unseren eigenen
Augen

یو ورته حرکت زمونږ د سترګو په وړاندې روان دی

Die moderne Bourgeoisie Gesellschaft mit ihren
Produktions-, Tausch- und Eigentumsverhältnissen

جامعه بورژوازی مدرن با روابط تولید، مبادله و مالکیت

eine Gesellschaft, die so gigantische Produktions- und
Tauschmittel heraufbeschworen hat

جامعه ای که چنین وسیله های عظیم تولید و مبادله را به وجود آورده است

Es ist wie der Zauberer, der die Mächte der Unterwelt
heraufbeschworen hat

دا د هغه جادوگر په خبر دی چې د لاندې نړۍ قوتونه یې راوغوښتل

Aber er ist nicht mehr in der Lage, zu kontrollieren, was er
in die Welt gebracht hat

خو هغه نور نه شی کولای هغه څه کنترول کړی چې نړۍ ته یې راوړی دی .

Viele Jahrzehnte lang war die vergangene Geschichte durch
einen roten Faden miteinander verbunden

برای چندین دهه تاریخ گذشته با یک تار مشترک پیوند خورده بود

Die Geschichte der Industrie und des Handels ist nichts
anderes als die Geschichte der Revolten

د صنعت او سوداگری تاریخ د بغاوتونو تاریخ دی

die Revolten der modernen Produktivkräfte gegen die
modernen Produktionsbedingungen

د تولید د عصری شرایطو په وړاندې د عصری تولیدی څواکونو بغاوتونه

die Revolten der modernen Produktivkräfte gegen die
Eigentumsverhältnisse

شورش نیروهای تولیدی مدرن علیه روابط مالکیت

diese Eigentumsverhältnisse sind die Bedingungen für die
Existenz der Bourgeoisie

اين روابط مالکیت شرایط وجود بورژوازی است
und die Existenz der Bourgeoisie bestimmt die Regeln der
Eigentumsverhältnisse

و وجود بورژوازی قواعد روابط مالکیت را تعیین می کند
Es genügt, die periodische Wiederkehr von Handelskrisen
zu erwähnen

کافی است که به بازگشت دوره ای بحران های تجاری اشاره کنیم
jede Handelskrise ist für die Bourgeoisie Gesellschaft
bedrohlicher als die letzte

هر سوداگریز بحران د بورژوازی ټولنې ته تر پخوا زیات ګواښ دی
In diesen Krisen wird ein großer Teil der bestehenden
Produkte vernichtet

په دې بحرانونو کې د موجوده تولیداتو یوه لویه برخه له منځه خی
Diese Krisen zerstören aber auch die zuvor geschaffenen
Produktivkräfte

اما این بحران ها نیروهای تولیدی قبلی را نیز از بین می برد
In allen früheren Epochen wären diese Epidemien als
Absurdität erschienen

په ټولو پخوانیو دورو کې دا اپیدمی به یو پوچ ښنکاره شوی وی
denn diese Epidemien sind die kommerziellen Krisen der
Überproduktion

حُکه دغه اپیدمی د زیات تولید تجارتی بحرانونه دی .
Die Gesellschaft befindet sich plötzlich wieder in einem
Zustand der momentanen Barbarei

ټولنه ناڅاپه خپل ځان ببرته د لحظاتی بربریت په حالت کې ومومی
als ob ein allgemeiner Verwüstungskrieg jede Möglichkeit
des Lebensunterhalts abgeschnitten hätte

ګویی یک جنگ جهانی ویجارانی تمام وسایل معیشت را قطع کرده است
Industrie und Handel scheinen zerstört worden zu sein; Und
warum?

داسی ښنکاری چی صنعت او سوداگری له منځه تللی دی .او ولې؟
Weil es zu viel Zivilisation und Subsistenzmittel gibt

د افغانستان د کرکټ ملی لوبدله د افغانستان د کرکټ ملی لوبدلی ته د
افغانستان د کرکټ ملی لوبدلی ته د پام ور زیاتوالی ورکوی .
Und weil es zu viel Industrie und zu viel Handel gibt

او له دې امله چی صنعت ډېر دی ، او سوداگری ډېره ده

Die Produktivkräfte, die der Gesellschaft zur Verfügung
stehen, entwickeln nicht mehr das Bourgeoisie Eigentum

نیروهای تولیدی که در اختیار جامعه هستند ، دیگر مالکیت بورژوازی
را توسعه نمی دهند

im Gegenteil, sie sind zu mächtig geworden für diese
Verhältnisse, durch die sie gefesselt sind

برعکس ، هغوی د دې شرایطو له پاره ډېر ځواکمن شوی دی ، چې په
هغه کې ترل شوی دی

sobald sie diese Fesseln überwunden haben, bringen sie
Unordnung in die ganze Bourgeoisie Gesellschaft

به محض اینکه بر این زنجیرها غلبه کنند ، در تمام جامعه بورژوازی
بی نظمی ایجاد می کنند

und die Produktivkräfte gefährden die Existenz des
Bourgeoisie Eigentums

و نیروهای تولیدی موجودیت مالکیت بورژوازی را به خطر می اندازند

Die Bedingungen der Bourgeoisie Gesellschaft sind zu eng,
um den von ihnen geschaffenen Reichtum zu erfassen

شرایط جامعه بورژوازی آنقدر تنگ است که نمی تواند ثروت ایجاد شده
توسط آنها را در بر بگیرد

Und wie überwindet die Bourgeoisie diese Krisen?

و بورژوازی چگونه می تواند بر این بحران ها غلبه کند ؟

Einerseits überwindet sie diese Krisen durch die
erzwungene Vernichtung einer Masse von Produktivkräften

از یک طرف ، این بحران ها را با نابودی اجباری توده ای از نیروهای
تولیدی غلبه می کند

Andererseits überwindet sie diese Krisen durch die
Eroberung neuer Märkte

از سوی دیگر ، با تسخیر بازارهای جدید ، بر این بحران ها غلبه می کند

Und sie überwindet diese Krisen durch die gründlichere
Ausbeutung der alten Produktivkräfte

و با بهره برداری کامل از نیروهای تولیدی قدیمی ، بر این بحران ها
غلبه می کند

Das heißt, indem sie den Weg für umfangreichere und
zerstörerischere Krisen ebnen

به عبارت دیگر ، با هموار کردن راه برای بحران های گسترده تر و
مخرب تر

Sie überwindet die Krise, indem sie die Mittel zur Krisenprävention einschränkt

این بحران را با کاهش وسایل جلوگیری از بحران ها غلبه می کند

Die Waffen, mit denen die Bourgeoisie den Feudalismus zu Fall brachte, sind jetzt gegen sich selbst gerichtet

سلاح هایی که بورژوازی با آن فئودالیسم را به زمین انداخت ، اکنون علیه خود چرخانده شده است

Aber die Bourgeoisie hat nicht nur die Waffen geschmiedet, die sich selbst den Tod bringen

اما نه تنها بورژوازی سلاح هایی را ساخته است که مرگ را به ارمغان می آورد

Sie hat auch die Männer ins Leben gerufen, die diese Waffen führen sollen

دا هم هغه کسان را بلل شوی چی باید دا وسلی په کار واچوی

Und diese Männer sind die moderne Arbeiterklasse; Sie sind die Proletarier

و این افراد طبقه کارگر مدرن هستند .آنها پرولتاریا هستند

In dem Maße, wie die Bourgeoisie entwickelt ist, entwickelt sich auch das Proletariat

به همان نسبت که بورژوازی توسعه می یابد ، پرولتاریا به همان نسبت رشد می کند

Die moderne Arbeiterklasse entwickelte eine Klasse von Arbeitern

مدرن کارگر طبقه ای از کارگران را توسعه داد

Diese Klasse von Arbeitern lebt nur so lange, wie sie Arbeit findet

دا طبقه کارگران یوازی تر هغه وخته ژوند کوی چی کار پیدا کری

Und sie finden nur so lange Arbeit, wie ihre Arbeit das Kapital vermehrt

او دوی یوازی تر هغه وخته کار پیدا کوی چی د دوی کار سرمایه زیاته کری

Diese Arbeiter, die sich stückweise verkaufen müssen, sind eine Ware

این کارگران ، که باید خود را به صورت تکه تکه بفروشند ، یک کالا هستند

Diese Arbeiter sind wie jeder andere Handelsartikel

دا کارگران د سوداګری د نورو توکو په څېر دی

und sie sind folglich allen Wechselfällen des Wettbewerbs
ausgesetzt

و در نتیجه آنها در معرض تمام فراز و نشیب های رقابت قرار می گیرند

Sie müssen alle Schwankungen des Marktes überstehen

دوی باید د بازار د تولو نوساناتو سره مقابله وکړی

Aufgrund des umfangreichen Maschineneinsatzes und der
Arbeitsteilung

د ماشینونو د پراخ استعمال او د کار ویش له امله

Die Arbeit der Proletarier hat jeden individuellen Charakter
verloren

کار پرولتاریا تمام خصلت فردی را از دست داده است

Und folglich hat die Arbeit der Proletarier für den Arbeiter
jeden Reiz verloren

و در نتیجه ، کار پرولتاریا برای کارگر جذابیت خود را از دست داده
است

Er wird zu einem Anhängsel der Maschine und nicht mehr
zu dem Mann, der er einmal war

هغه د ماشین ضمیمه جوړیږی، نه هغه سړی چی یو وخت و

Nur das einfachste, eintönigste und am leichtesten zu
erwerbende Geschick wird von ihm verlangt

یوازې تر تولو ساده ، یکنواخت ، او تر تولو په اسانۍ سره ترلاسه شوی
مهارت له هغه څخه ارین دی

Daher sind die Produktionskosten eines Arbeiters begrenzt

له دې امله د یو کارگر د تولید لګښت محدود دی

sie beschränkt sich fast ausschließlich auf die Mittel zur
Bestreitung des Lebensunterhalts, die er zu seinem
Unterhalt benötigt

دا تقریباً په بشپړه توګه د معیشت په وسایلو پورې محدود دی چی هغه د
خپل نفقې لپاره ورته ارتیا لری

und sie beschränkt sich auf die Subsistenzmittel, die er zur
Fortpflanzung seiner Rasse benötigt

او دا یوازې په هغو وسایلو پورې محدود دی چی هغه د خپل نژاد د
ترویج لپاره ورته ارتیا لری

Aber der Preis einer Ware, also auch der Arbeit, ist gleich
ihren Produktionskosten

اما قیمت یک کالا ، و در نتیجه قیمت کار ، برابر با هزینه تولید آن است

In dem Maße also, wie die Widerwärtigkeit der Arbeit
zunimmt, sinkt der Lohn

بنابراین ، به تناسب ، هرچه نفرت از کار افزایش می یابد ، دستمزد
کاهش می یابد

Ja, die Widerwärtigkeit seiner Arbeit nimmt sogar noch
mehr zu

نه ، د هغه د کار کرکه حتی په زیاته کچه زیاتیږی

In dem Maße, wie der Einsatz von Maschinen und die
Arbeitsteilung zunehmen, steigt auch die Last der Arbeit

هر څومره چی د ماشینونو کارول او د کار ویش زیاتیږی ، د زحمت بار
هم زیاتیږی

Die Arbeitsbelastung wird durch die Verlängerung der
Arbeitszeit erhöht

د کار د ساعتونو په اوږدولو سره د زحمت بار زیاتیږی

Dem Arbeiter wird in der gleichen Zeit mehr zugemutet als
zuvor

د پخوا په څیر له کارگر څخه ډیر تمه کیږی

Und natürlich wird die Last der Arbeit durch die
Geschwindigkeit der Maschinerie erhöht

و البته بار زحمت با سرعت ماشین افزایش می یابد

Die moderne Industrie hat die kleine Werkstatt des
patriarchalischen Meisters in die große Fabrik des
industriellen Kapitalisten verwandelt

عصری صنعت د پدرسالار استاد کوچنی ورکشاپ د صنعتی سرمایه دار
په ستره فابریکه بدل کری دی

Massen von Arbeitern, die in die Fabrik gedrängt sind, sind
wie Soldaten organisiert

توده کارگران ، که در کارخانه جمع شده اند ، مانند سربازان سازماندهی
شده اند

Als Gefreite der Industriearmee stehen sie unter dem
Kommando einer vollkommenen Hierarchie von Offizieren
und Unteroffizieren

د صنعتی پوځ د سرتیرو په توګه دوی د افسرانو او بریدملانو د بشپړ
سلسله مراتب تر قوماندي لاندي قرار لری

sie sind nicht nur die Sklaven der Bourgeoisie und des
Staates

آنها نه تنها غلامان طبقه بورژوازی و دولت هستند

Aber sie werden auch täglich und stündlich von der
Maschine versklavt

مگر دوی هم هره ورځ او هر ساعت د ماشین غلامان دی

sie sind Sklaven des Aufsehers und vor allem des einzelnen
Bourgeoisie Fabrikanten selbst

هغوی د ناظر او تر ټولو مهم د بورژوازی جوړوونکی له خوا غلامان
دی

Je offener dieser Despotismus den Gewinn als seinen Zweck
und sein Ziel proklamiert, desto kleinlicher, verhaßter und
verbitterender ist er

هر چه این استبداد آشکارا منافع را هدف و هدف خود اعلام کند ، به
همان اندازه کوچک تر ، نفرت انگیز تر و تلخ تر است

Je mehr sich die moderne Industrie entwickelt, desto
geringer sind die Unterschiede zwischen den Geschlechtern

هر څومره چې عصری صنعت پرمختللی وی، د جنسیت تر منځ
توپیرونه کمه کیږی

Je geringer die Geschicklichkeit und Kraftanstrengung der
Handarbeit ist, desto mehr wird die Arbeit der Männer von
der der Frauen verdrängt

هر څومره چې په لاسی کار کې مهارت او ځواک کم وی ، په هماغه
اندازه د نارینه وو کار د ښځو پر ځای کیږی

Alters- und Geschlechtsunterschiede haben für die
Arbeiterklasse keine besondere gesellschaftliche Gültigkeit
mehr

تفاوت های سن و جنس دیگر برای طبقه کارگر هیچ اعتبار اجتماعی
متمایز ندارد

Alle sind Arbeitsinstrumente, die je nach Alter und
Geschlecht mehr oder weniger teuer zu gebrauchen sind

ټول د کار وسایل دی ، چی د هغوی د عمر او جنس له مخی کارول کم و
بیش لګښت لری

sobald der Arbeiter seinen Lohn in bar erhält, wird er von
den übrigen Teilen der Bourgeoisie angegriffen

کله چي کارګر خپل مزدوری په نغدو پیسو ترلاسه کوی ، نو د بورژوازی نورو برخو پري ګنل کیږی

der Vermieter, der Ladenbesitzer, der Pfandleiher usw

مالک خانه ، دکاندار ، ګرو دلال ، و غیره

Die unteren Schichten der Mittelschicht; die kleinen Handwerker und Ladenbesitzer

د منځني طبقې ټیټي طبقي ؛ په دي وروستیو کي د افغانستان په سهیل کي د طالبانو د رژیم له مخي د طالبانو د رژیم د مخي له طالبانو د رژیم له امله د دي هیواد د

die pensionierten Gewerbetreibenden überhaupt, die Handwerker und Bauern

متقاعد سوداګر په عمومی توګه ، او لاسی صنعتکاران او دهقانان

all dies sinkt allmählich in das Proletariat ein

دا ټول ورو ورو په پرولتاریا کي ډوب کیږی

theils deshalb, weil ihr winziges Kapital nicht ausreicht für den Maßstab, in dem die moderne Industrie betrieben wird

بخشی از آن به این دلیل که سرمایه کوچک آنها برای مقیاس صنعت مدرن کافی نیست

und weil sie in der Konkurrenz mit den Großkapitalisten überschwemmt wird

. او له دي امله چي د سترو پانګوالو سره په سیالی کي غرق دی

zum Teil deshalb, weil ihr spezialisiertes Können durch die neuen Produktionsmethoden wertlos wird

بخشی از آن به این دلیل که مهارت های تخصصی آنها توسط روش های جدید تولید بی ارزش شده است

So rekrutiert sich das Proletariat aus allen Klassen der Bevölkerung

به این ترتیب پرولتاریا از تمام طبقات جمعیت جذب می شود

Das Proletariat durchläuft verschiedene Entwicklungsstufen

پرولتاریا از مراحل مختلف رشد می گذرد

Mit ihrer Geburt beginnt der Kampf mit der Bourgeoisie

با تولد آن مبارزه با بورژوازی آغاز می شود

Zuerst wird der Kampf von einzelnen Arbeitern geführt

په لومړی سر کي سیالی د انفرادی کارګرانو له خوا پر مخ وړل کیږی

Dann wird der Kampf von den Arbeitern einer Fabrik ausgetragen

بیا سیالی د یوي فابریکي د کارګرانو له خوا پر مخ ورل کیږی

Dann wird der Kampf von den Arbeitern eines Gewerbes an einem Ort ausgetragen

بیا سیالی د یوي سوداګری د کارکوونکو له خوا په یوه سیمه کی پر مخ ورل کیږی

und der Kampf richtet sich dann gegen die einzelne Bourgeoisie, die sie direkt ausbeutet

و پس از آن رقابت در برابر بورژوازی است که مستقیما از آنها استثمار می کند

Sie richten ihre Angriffe nicht gegen die Bourgeoisie Produktionsbedingungen

آنها حملات خود را علیه شرایط تولید بورژوازی هدایت نمی کنند

aber sie richten ihren Angriff gegen die Produktionsmittel selbst

اما آنها حمله خود را علیه وسایل تولید هدایت می کنند

Sie vernichten importierte Waren, die mit ihrer Arbeitskraft konkurrieren

دوی وارداتی توکی له منځه وړی چی د دوی د کار سره سیالی کوی

Sie zertrümmern Maschinen und setzen Fabriken in Brand

هغوی ماشینونه توتي توتي کوی او فابریکي ته یی اور اچوی .

sie versuchen, den verschwundenen Status des Arbeiters des Mittelalters mit Gewalt wiederherzustellen

دوی هڅه کوی چی په زور د منځنیو پیریو د کارګر له منځه تللی حیثیت بیرته اعاده کړی

In diesem Stadium bilden die Arbeiter noch eine unzusammenhängende Masse, die über das ganze Land verstreut ist

په دي پړاو کی کارګران اوس هم یوه نامنسجم ډله جوړوی چی په ټول هېواد کی خواره واره دی

und sie werden durch ihre gegenseitige Konkurrenz zerrissen

او دوی د خپل متقابل رقابت له امله مات شوی دی

Wenn sie sich irgendwo zu kompakteren Körpern vereinigen, so ist dies noch nicht die Folge ihrer eigenen aktiven Vereinigung

، اگر آنها در هر جایی متحد شوند تا نهادهای فشرده تری را تشکیل دهند
این هنوز نتیجه اتحاد فعال آنها نیست

aber es ist eine Folge der Vereinigung der Bourgeoisie, ihre
eigenen politischen Ziele zu erreichen

اما این نتیجه اتحاد بورژوازی است ، تا اهداف سیاسی خود را بدست
آورد

die Bourgeoisie ist gezwungen, das ganze Proletariat in
Bewegung zu setzen

بورژوازی مجبور است که تمام پرولتاریا را به حرکت درآورد

und überdies ist die Bourgeoisie eine Zeitlang dazu in der
Lage

علاوه بر این ، بورژوازی برای مدتی قادر به انجام این کار است

In diesem Stadium kämpfen die Proletarier also nicht gegen
ihre Feinde

بنابراین ، در این مرحله ، پرولتاریا با دشمنان خود نمی جنگد

Stattdessen kämpfen sie gegen die Feinde ihrer Feinde

. خو په عوض کې د وی د خپلو دښمنانو سره جګړه کوی

Der Kampf gegen die Überreste der absoluten Monarchie
und die Großgrundbesitzer

د مطلقه سلطنت د پاتې شونو او د زمیندارانو په وراندی مبارزه

sie bekämpfen die nicht-industrielle Bourgeoisie; das
Kleiliche Bourgeoisie

آنها با بورژوازی غیر صنعتی مبارزه می کنند .کوچنی بورژوازی

So ist die ganze historische Bewegung in den Händen der
Bourgeoisie konzentriert

به این ترتیب تمام جنبش تاریخی در دست بورژوازی متمرکز شده است

jeder so errungene Sieg ist ein Sieg der Bourgeoisie

هر پیروزی چی په دې دول ترلاسه کیری ، د بورژوازی لپاره یو
بریالیتوب دی

Aber mit der Entwicklung der Industrie wächst nicht nur die
Zahl des Proletariats

اما با پیشرفت صنعت ، نه تنها تعداد پرولتاریا افزایش می یابد

das Proletariat konzentriert sich in größeren Massen und
seine Kraft wächst

پرولتاریا در توده های بیشتر متمرکز می شود و قدرت آن افزایش می
یابد

und das Proletariat spürt diese Kraft mehr und mehr

و پرولتاریا این قدرت را بیشتر و بیشتر احساس می کند

Die verschiedenen Interessen und Lebensbedingungen in
den Reihen des Proletariats gleichen sich mehr und mehr an

منافع و شرایط مختلف زندگی در صفوف پرولتاریا بیشتر و بیشتر برابر
می شوند

sie werden in dem Maße größer, wie die Maschinerie alle
Unterschiede der Arbeit verwischt

آنها نسبت بیشتری پیدا می کنند همانطور که ماشین تمام تمایزات کار را
از بین می برد

Und die Maschinen senken fast überall die Löhne auf das
gleiche niedrige Niveau

و ماشین آلات تقریبا در همه جا معاشات را به همان سطح پایین کاهش
می دهند

Die wachsende Konkurrenz der Bourgeoisie und die daraus
resultierenden Handelskrisen lassen die Löhne der Arbeiter
immer schwankender

، رقابت فزاینده بین بورژوازی و بحران های تجاری ناشی از آن
دستمزد کارگران را بیش از پیش نوسان می کند

Die unaufhörliche Verbesserung der sich immer schneller
entwickelnden Maschinen macht ihren Lebensunterhalt
immer prekärer

د ماشینونو بی وقفه پرمختگ ، چی په چټکی سره پرمختگ کوی ، د
هغوی معیشت ورځ تر بلی خطرناکه کوی

die Kollisionen zwischen einzelnen Arbeitern und
einzelnen Bourgeoisien nehmen immer mehr den Charakter
von Zusammenstößen zwischen zwei Klassen an

تصادم بین کارگران منفرد و بورژوازی فردی بیش از پیش خصلت
تصادم بین دو طبقه را به خود می گیرد

Darauf beginnen die Arbeiter, sich gegen die Bourgeoisie zu
verbünden (Gewerkschaften)

پس از آن کارگران شروع به تشکیل ترکیبی)اتحادیه های کارگری (
علیه بورژوازی می کنند

Sie schließen sich zusammen, um die Löhne hoch zu halten

دوی سره یوځای کبان کوی تر څو د معاشونو نرخ لور وساتی

sie gründeten ständige Vereinigungen, um für diese
gelegentlichen Revolten im voraus Vorsorge zu treffen

هغوی دایمی اتحادیی پیدا کړي تر څو د دي ګاه بلې پاڅون لپاره له
مخکي څخه چمتو کړی

Hier und da bricht der Wettkampf in Ausschreitungen aus

دلته او هلته سیالی په بلواګرو بدله کیږی

Hin und wieder siegen die Arbeiter, aber nur für eine
gewisse Zeit

ګاهی اوقات کارګران پیروز می شوند ، اما فقط برای مدتی

Die wirkliche Frucht ihrer Kämpfe liegt nicht in den
unmittelbaren Ergebnissen, sondern in der immer größer
werdenden Vereinigung der Arbeiter

ثمره واقعی مبارزات آنها نه در نتیجه فوری ، بلکه در اتحادیه هر روز
در حال گسترش کارګران است

Diese Vereinigung wird durch die verbesserten
Kommunikationsmittel unterstützt, die von der modernen
Industrie geschaffen werden

دا اتحادیه د اریکو د پرمختللو وسایلو لخوا مرسته کیږی چی د عصری
صنعت لخوا ایجاد شوی دی

Die moderne Kommunikation bringt die Arbeiter
verschiedener Orte miteinander in Kontakt

عصری اریکي د مختلفو سیمو کارګران له یو بل سره په تماس کي اچوی

Es war gerade dieser Kontakt, der nötig war, um die
zahlreichen lokalen Kämpfe zu einem nationalen Kampf
zwischen den Klassen zu zentralisieren

دا یوازي همدغه اریکه وه چی د طبقاتو تر منځ د بی شمیره محلی
مبارزو په یوه ملی مبارزه کې متمرکز شی

Alle diese Kämpfe haben den gleichen Charakter, und jeder
Klassenkampf ist ein politischer Kampf

همه این مبارزات دارای یک خصلت هستند ، و هر مبارزه طبقاتی یک
مبارزه سیاسی است

die Bürger des Mittelalters mit ihren elenden Landstraßen
brauchten Jahrhunderte, um ihre Vereinigungen zu bilden

د منځنیو پیړیو برګر ، د خپلو بدمرغه لویو لارو سره ، د خپلو اتحادیو د
جوړولو لپاره پیړیو ته ارتیا درلوده

Die modernen Proletarier erreichen dank der Eisenbahn ihre Gewerkschaften innerhalb weniger Jahre

پرولتاریا مدرن ، به لطف راه آهن ، در عرض چند سال به اتحادیه های خود دست می یابند

Diese Organisation der Proletarier zu einer Klasse formte sie folglich zu einer politischen Partei

در نتیجه این سازمان پرولتاریا در یک طبقه ، آنها را به یک حزب سیاسی شکل داد

Die politische Klasse wird immer wieder durch die Konkurrenz zwischen den Arbeitern selbst verärgert

طبقه سیاسی به طور مداوم از رقابت بین خود کارگران ناراحت می شود

Aber die politische Klasse erhebt sich weiter, stärker, fester, mächtiger

اما طبقه سیاسی دوباره به قیام ادامه می دهد ، قوی تر ، محکم تر ، قوی تر

Er zwingt zur gesetzgeberischen Anerkennung der besonderen Interessen der Arbeitnehmer

این قانون قانون را مجبور می کند که منافع خاص کارگران را به رسمیت بشناسد

sie tut dies, indem sie sich die Spaltungen innerhalb der Bourgeoisie selbst zunutze macht

دا کار په خپله په بورژوازی تر منځ د اختلافاتو څخه په ګټی اخیستنی سره کوی

Damit wurde das Zehnstundengesetz in England in Kraft gesetzt

په دی توګه په انګلستان کی د لسو ساعتونو لایحه قانون ته وراندی شوه

in vielerlei Hinsicht ist der Zusammenstoß zwischen den Klassen der alten Gesellschaft ferner der Entwicklungsgang des Proletariats

از بسیاری جهات تصادم بین طبقات جامعه قدیم ، مسیر پیشرفت پرولتاریا است

Die Bourgeoisie befindet sich in einem ständigen Kampf

بورژوازی خود را در یک جنگ دائمی می بیند

Zuerst wird sie sich in einem ständigen Kampf mit der Aristokratie wiederfinden

په لومړی سر کې به دا خان د اشراف سره په دوامداره جګړه کې ښکیل ومومي

später wird sie sich in einem ständigen Kampf mit diesen Teilen der Bourgeoisie selbst wiederfinden

بعدا خود را درگیر یک نبرد دائمی با آن بخش های بورژوازی خواهد یافت

und ihre Interessen werden dem Fortschritt der Industrie entgegengesetzt sein

او د هغوی ګټي به د صنعت د پرمختګ سره متضاد شوی وی

zu allen Zeiten werden ihre Interessen mit der Bourgeoisie fremder Länder in Konflikt geraten sein

در هر زمان ، منافع آنها با بورژوازی کشورهای خارجی متضاد خواهد شد

In allen diesen Kämpfen sieht sie sich genötigt, an das Proletariat zu appellieren, und bittet es um Hilfe

در تمام این نبردها خود را مجبور می بیند که از پرولتاریا متوسل شود و از او کمک بخواهد

Und so wird sie sich gezwungen sehen, sie in die politische Arena zu zerren

و به این ترتیب ، مجبور خواهد بود که آن را به عرصه سیاسی بکشاند

Die Bourgeoisie selbst versorgt also das Proletariat mit ihren eigenen Instrumenten der politischen und allgemeinen Erziehung

بنابراین بورژوازی خود پرولتاریا را با وسایل سیاسی و عمومی آموزش و پرورش فراهم می کند

mit anderen Worten, sie liefert dem Proletariat Waffen für den Kampf gegen die Bourgeoisie

به عبارت دیگر ، پرولتاریا را با سلاح هایی برای مبارزه با بورژوازی فراهم می کند

Ferner werden, wie wir schon gesehen haben, ganze Schichten der herrschenden Klassen in das Proletariat hineingestürzt

علاوه بر این ، همانطور که قبلا دیدیم ، تمام بخش های طبقات حاکم به پرولتاریا وارد می شوند

der Fortschritt der Industrie saugt sie in das Proletariat hinein

پیشرفت صنعت آنها را به پرولتاریا می کشاند

oder zumindest sind sie in ihren Existenzbedingungen
bedroht

یا لږ تر لږه د خپل ژوند په شرایطو کې له ګواښ سره مخ دی

Diese versorgen auch das Proletariat mit frischen Elementen
der Aufklärung und des Fortschritts

اینها همچنین پرولتاریا را با عناصر تازه روشنفکری و پیشرفت فراهم
می کند

Endlich, in Zeiten, in denen sich der Klassenkampf der
entscheidenden Stunde nähert

بالاخره ، در زمان هایی که مبارزه طبقاتی به ساعت تعیین کننده نزدیک
می شود

Der Auflösungsprozess innerhalb der herrschenden Klasse

د حاکمي طبقې په دننه کې د انحلال پروسه روانه ده

In der Tat wird die Auflösung, die sich innerhalb der
herrschenden Klasse vollzieht, in der gesamten Bandbreite
der Gesellschaft zu spüren sein

در حقیقت ، انحلال در داخل طبقه حاکم در تمام طیف جامعه احساس
خواهد شد

Sie wird einen so gewalttätigen, krassen Charakter
annehmen, dass ein kleiner Teil der herrschenden Klasse
sich selbst abtreibt

این چنان خشونت آمیز و آشکار به خود خواهد گرفت ، که یک بخش
کوچک از طبقه حاکم خود را سرگردان می کند

Und diese herrschende Klasse wird sich der revolutionären
Klasse anschließen

. او حاکمه طبقه به د انقلابی طبقې سره یو ځای شی

Die revolutionäre Klasse ist die Klasse, die die Zukunft in
ihren Händen hält

انقلابی طبقه طبقه ای است که آینده را در دست دارد

Wie in früheren Zeiten ging ein Teil des Adels zur
Bourgeoisie über

لکه د پخوانۍ دورې په څېر ، د اشرافیانو یوه برخه بورژوازۍ ته
ورسېده

ebenso wird ein Teil der Bourgeoisie zum Proletariat
übergehen

. همداسي به د بورژوازي يوه برخه پرولتاريا ته ورشي

insbesondere wird ein Teil der Bourgeoisie zu einem Teil der Bourgeoisie Ideologen übergehen

به ویژه ، بخشی از بورژوازی به بخشی از ایدئولوژیست های بورژوازی می رسد

Bourgeoisie Ideologen, die sich auf die Ebene erhoben haben, die historische Bewegung als Ganzes theoretisch zu begreifen

بورژوازی ایدئولوژیست ها که خود را به سطح درک نظری جنبش تاریخی به عنوان یک کل ارتقا داده اند

Von allen Klassen, die heute der Bourgeoisie gegenüberstehen, ist das Proletariat allein eine wirklich revolutionäre Klasse

از میان تمام طبقاتی که امروز با بورژوازی رو در رو ایستاده اند ، تنها پرولتاریا واقعا یک طبقه انقلابی است

Die anderen Klassen zerfallen und verschwinden schließlich im Angesicht der modernen Industrie

نور طبقي زوال کوی او بالاخره د عصری صنعت په وراندي له منځه ځی

das Proletariat ist ihr besonderes und wesentliches Produkt

پرولتاریا محصول خاص و اساسی آن است

Die untere Mittelschicht, der kleine Fabrikant, der Ladenbesitzer, der Handwerker, der Bauer

طبقه متوسط پایین ، کوچک تولید کننده ، دکاندار ، صنعتگر ، دهقان

all diese Kämpfe gegen die Bourgeoisie

. دا ټول د بورژوازي په وراندي مبارزه کوي

Sie kämpfen als Fraktionen der Mittelschicht, um sich vor dem Aussterben zu retten

دوی د منځنی طبقي د برخي په توگه مبارزه کوی ترځو خانونه له نابودی ځخه وژغوری

Sie sind also nicht revolutionär, sondern konservativ

بنابراین آنها انقلابی نیستند ، بلکه محافظه کار هستند

Ja, mehr noch, sie sind reaktionär, denn sie versuchen, das Rad der Geschichte zurückzudrehen

نه علاوه بر این، آنها ارتجاعی هستند، زیرا آنها سعی می کنند چرخ تاریخ را به عقب برگردانند

Wenn sie zufällig revolutionär sind, so sind sie es nur im Hinblick auf ihre bevorstehende Überführung in das Proletariat

اگر آنها به طور تصادفی انقلابی باشند ، فقط با توجه به انتقال قریب الوقوع آنها به پرولتاریا چنین هستند

Sie verteidigen also nicht ihre gegenwärtigen, sondern ihre zukünftigen Interessen

دوی په دې توګه نه د خپل اوسنی ، بلکې د خپلو راتلونکو ګټو دفاع کوی

sie verlassen ihren eigenen Standpunkt, um sich auf den des Proletariats zu stellen

آنها از موضع خود دست می کشند تا خود را در موضع پرولتاریا قرار دهند

Die »gefährliche Klasse«, der soziale Abschaum, diese passiv verrottende Masse, die von den untersten Schichten der alten Gesellschaft abgeworfen wird

خطرناک طبقه "، تفاله های اجتماعی ، آن توده منفعلانه پوسیده شده" توسط پایین ترین لایه های جامعه قدیمی پرتاب می شود

sie können hier und da von einer proletarischen Revolution in die Bewegung hineingerissen werden

آنها ممکن است ، اینجا و آنجا ، توسط یک انقلاب پرولتری به جنبش کشیده شوند

Seine Lebensbedingungen bereiten ihn jedoch viel mehr auf die Rolle eines bestochenen Werkzeugs reaktionärer Intrigen vor

با این حال ، شرایط زندگی آن را برای بخشی از ابزار رشوت خورده دسیسه ارتجاعی آماده می کند

In den Verhältnissen des Proletariats sind die Verhältnisse der alten Gesellschaft im Allgemeinen bereits praktisch überschwemmt

در شرایط پرولتاریا ، جامعه های قدیمی در سطح کلی در حال حاضر در واقع غرق شده اند

Der Proletarier ist ohne Eigentum

پرولتاریا فاقد مالکیت است

sein Verhältnis zu Frau und Kindern hat mit den Familienverhältnissen der Bourgeoisie nichts mehr gemein

رابطه او با همسر و فرزندان او دیگر هیچ وجه مشترکی با روابط
خانوادگی بورژوازی ندارد

moderne industrielle Arbeit, moderne Unterwerfung unter
das Kapital, dasselbe in England wie in Frankreich, in
Amerika wie in Deutschland

مدرن صنعتی کار ، تابع مدرن سرمایه ، همان در انگلستان مانند فرانسه
در آمریکا و در آلمان ،

Seine Stellung in der Gesellschaft hat ihm jede Spur von
nationalem Charakter genommen

په ټولنه کي د هغه حالت هغه د ملی شخصیت له هر نښه څخه محروم
کړی دی

Gesetz, Moral, Religion sind für ihn so viele Bourgeoisie
Vorurteile

قانون ، اخلاق ، مذهب ، برای او بسیاری از تعصبات بورژوازی است

und hinter diesen Vorurteilen lauern ebenso viele
Bourgeoisie Interessen

و در پشت این تعصبات به همان اندازه منافع بورژوازی در کمین نهفته
است

Alle vorhergehenden Klassen, die die Oberhand gewannen,
versuchten, ihren bereits erworbenen Status zu festigen

ټولو پخوانیو طبقو چي برتری یی ترلاسه کړه، هڅه یي کوله چي خپل
مخکي تر لاسه شوی دریځ پیاوری کړی

Sie taten dies, indem sie die Gesellschaft als Ganzes ihren
Aneignungsbedingungen unterwarfen

آنها این کار را با تابع کردن جامعه به طور گسترده تحت شرایط تصرف
خود انجام دادند

Die Proletarier können nicht Herren der Produktivkräfte der
Gesellschaft werden

پرولتاریا نمی تواند بر نیروهای تولیدی جامعه حاکم شود

Sie kann dies nur tun, indem sie ihre eigene bisherige
Aneignungsweise abschafft

این تنها با لغو شیوه قبلی تخصیص خود می تواند این کار را انجام دهد

Und damit hebt sie auch jede andere bisherige
Aneignungsweise auf

او په دي توګه د تخصیص هر پخوانی حالت هم له منځه وړی

Sie haben nichts Eigenes zu sichern und zu festigen

. هغوی د خپل خان څخه هیڅ شی نه لری چی خوندی او قوی یی کړی

Ihre Aufgabe ist es, alle bisherigen Sicherheiten und Versicherungen für individuelles Eigentum zu vernichten

د دوی ماموریت دا دی چی تول پخوانی ضمانتونه د فردی ملکیت لپاره له منځه یوسی

Alle bisherigen historischen Bewegungen waren Bewegungen von Minderheiten

تول پخوانی تاریخی غورځنگونه د اقلیتونو خوځښتونه وو

oder es handelte sich um Bewegungen im Interesse von Minderheiten

یا آنها جنبش هایی بودند که به به نفع اقلیت ها بودند

Die proletarische Bewegung ist die selbstbewusste, selbständige Bewegung der ungeheuren Mehrheit

جنبش پرولتری جنبش خود آگاه و مستقل اکثریت عظیم است

Und es ist eine Bewegung im Interesse der großen Mehrheit

و این یک جنبش به نفع اکثریت مطلق است

Das Proletariat, die unterste Schicht unserer heutigen Gesellschaft

پرولتاریا ، پایین ترین قشر جامعه کنونی ما

Sie kann sich nicht regen oder erheben, ohne daß die ganze übergeordnete Schicht der offiziellen Gesellschaft in die Luft geschleudert wird

این نمی تواند بدون اینکه تمام طبقه های فوق العاده جامعه رسمی به هوا پرتاب شوند ، خود را به حرکت درآورد یا بلند کند

Der Kampf des Proletariats mit der Bourgeoisie ist, wenn auch nicht der Substanz nach, doch zunächst ein nationaler Kampf

مبارزه پرولتاریا با بورژوازی اگرچه نه از نظر جوهر ، اما از نظر شکل است ، در ابتدا یک مبارزه ملی است

Das Proletariat eines jeden Landes muss natürlich vor allem mit seiner eigenen Bourgeoisie abrechnen

البته پرولتاریا هر کشور باید قبل از هر چیز مسائل را با بورژوازی خود حل و فصل کند

Indem wir die allgemeinsten Phasen der Entwicklung des Proletariats schilderten, verfolgten wir den mehr oder weniger verhüllten Bürgerkrieg

در به تصویر کشیدن عمومی ترین مراحل توسعه پرولتاریا ، ما کم و بیش پوشیده داخلی جنگ را دنبال کردیم

Diese Zivilgesellschaft wütet in der bestehenden Gesellschaft

دا مدنی په موجوده تولنه کې په پراخه کچه راپورته کیږی

Er wird bis zu dem Punkt wüten, an dem dieser Krieg in eine offene Revolution ausbricht

دا به تر دې حده زور واخلی چی جگړه په آشکار انقلاب بدله شی

und dann legt der gewaltsame Sturz der Bourgeoisie die Grundlage für die Herrschaft des Proletariats

و سپس سرنگونی خشونت آمیز بورژوازی اساس حاکمیت پرولتاریا را می گذارد

Bisher beruhte jede Gesellschaftsform, wie wir bereits gesehen haben, auf dem Antagonismus unterdrückender und unterdrückter Klassen

تا کنون ، هر شکل جامعه ، همانطور که قبلا دیدیم ، بر تضاد طبقات ستمگین و تحت ستم بنا شده است

Um aber eine Klasse zu unterdrücken, müssen ihr gewisse Bedingungen zugesichert werden

اما برای سرکوب یک طبقه، باید شرایط خاصی برای آن تضمین شود

Die Klasse muss unter Bedingungen gehalten werden, unter denen sie wenigstens ihre sklavische Existenz fortsetzen kann

طبقه باید په داسی شرایطو کې وساتل شی چی لږ تر لږه وکولای شی خپل برده وار ژوند ته دوام ورکړی

Der Leibeigene erhob sich in der Zeit der Leibeigenschaft zum Mitglied der Kommune

رعیت ، د رعیت په دوره کې ، ځان د کمون غریبوب ته لوړ کړ

so wie es dem Kleinbourgeoisie unter dem Joch des feudalen Absolutismus gelang, sich zur Bourgeoisie zu entwickeln

همانطوریکه خرده بورژوازی ، تحت یوغ استبداد فئودالی ، توانست به یک بورژوازی تبدیل شود

Der moderne Arbeiter dagegen sinkt, anstatt sich mit dem Fortschritt der Industrie zu erheben, immer tiefer

، بر عکس ، معاصر کارگر ، به جای اینکه با پیشرفت صنعت رشد کند
عمیق تر و عمیق تر غرق می شود

Er sinkt unter die Existenzbedingungen seiner eigenen Klasse

هغه د خپلي طبقي د موجودیت د شرایطو لاندي غرق کېږي

Er wird ein Bettler, und der Pauperismus entwickelt sich schneller als Bevölkerung und Reichtum

او یک فقیر می شود ، و فقر نسبت به جمعیت و ثروت سریعتر رشد می کند

Und hier zeigt sich, dass die Bourgeoisie nicht mehr geeignet ist, die herrschende Klasse in der Gesellschaft zu sein

و در اینجا آشکار می شود که بورژوازی دیگر برای تبدیل شدن به طبقه
حاکم در جامعه مناسب نیست

und sie ist ungeeignet, der Gesellschaft ihre Existenzbedingungen als übergeordnetes Gesetz aufzuzwingen

او دا مناسبه نه ده چي د خپل ژوند شرایط په تولنه باندي د یو حاکم قانون
په توګه تحمیل کړی

Sie ist unfähig zu herrschen, weil sie unfähig ist, ihrem Sklaven in seiner Sklaverei eine Existenz zu sichern

دا د حکومت کولو ور نه ده ځکه چي دا ناوره ده چي خپل غلام ته د هغه
په غلامۍ کي موجودیت تضمین کړی

denn sie kann nicht anders, als ihn in einen solchen Zustand sinken zu lassen, daß sie ihn ernähren muss, statt von ihm gefüttert zu werden

ځکه چي دا نه شي کولای چي هغه په داسي حالت کي دوب شي ، چي
باید هغه ته خواره ورکړی ، نه دا چي د هغه له خوا تغذیه شی

Die Gesellschaft kann nicht länger unter dieser Bourgeoisie leben

جامعه دیگر نمی تواند تحت این بورژوازی زندگی کند

Mit anderen Worten, ihre Existenz ist nicht mehr mit der Gesellschaft vereinbar

به عبارت دیگر ، وجود آن دیگر با جامعه سازگار نیست

Die wesentliche Bedingung für die Existenz und die
Herrschaft der Bourgeoisie Klasse ist die Bildung und
Vermehrung des Kapitals

شرط اساسی برای موجودیت و نفوذ طبقه بورژوازی تشکیل و تقویت
سرمایه است

Die Bedingung für das Kapital ist Lohnarbeit

شرط برای سرمایه مزدی کار است

Die Lohnarbeit beruht ausschließlich auf der Konkurrenz
zwischen den Arbeitern

مزدی کار منحصرا بر رقابت بین کارگران تکیه دارد

Der Fortschritt der Industrie, deren unfreiwilliger Förderer
die Bourgeoisie ist, tritt an die Stelle der Isolierung der
Arbeiter

پیشرفت صنعت ، که غیر ارادی آن بورژوازی است ، جای انزوا
کارگران را می گیرد

durch die Konkurrenz, durch ihre revolutionäre
Kombination, durch die Assoziation

د سیالی له امله ، د هغوی انقلابی ترکیب ، د تراو له امله

Die Entwicklung der modernen Industrie schneidet ihr die
Grundlage unter den Füßen weg, auf der die Bourgeoisie
Produkte produziert und sich aneignet

توسعه صنعت مدرن همان پایه را که بورژوازی بر اساس آن تولید و
تصاحب می کند ، از زیر پشو قطع می کند

Was die Bourgeoisie vor allem produziert, sind ihre eigenen
Totengräber

آنچه بورژوازی تولید می کند ، بالاتر از همه ، قبرکنان خود است

Der Sturz der Bourgeoisie und der Sieg des Proletariats sind
gleichermaßen unvermeidlich

سقوط بورژوازی و پیروزی پرولتاریا به همان اندازه اجتناب ناپذیر
هستند

Proletarier und Kommunisten

پرولتاریا او کمونیستان

In welchem Verhältnis stehen die Kommunisten zu den
Proletariern insgesamt?

کمونیست ها در چه رابطه ای با پرولتاریا به عنوان یک کل ایستاده اند ؟

Die Kommunisten bilden keine eigene Partei, die anderen
Arbeiterparteien entgegengesetzt ist

کمونیست ها یک حزب جداگانه در مقابل سایر احزاب طبقه کارگر
تشکیل نمی دهند

Sie haben keine Interessen, die von denen des Proletariats
als Ganzes getrennt und getrennt sind

آنها هیچ منافعی جدا و جدا از منافع پرولتاریا به عنوان یک کل ندارند

Sie stellen keine eigenen sektiererischen Prinzipien auf,
nach denen sie die proletarische Bewegung formen und
formen könnten

آنها هیچ اصول فرقه ای را برای خود ایجاد نمی کنند ، که به وسیله آن
جنبش پرولتری را شکل دهند و شکل دهند

Die Kommunisten unterscheiden sich von den anderen
Arbeiterparteien nur durch zwei Dinge

کمونیست ها تنها با دو چیز از سایر احزاب طبقه کارگر متمایز هستند

Erstens: Sie weisen auf die gemeinsamen Interessen des
gesamten Proletariats hin und bringen sie in den
Vordergrund, unabhängig von jeder Nationalität

اولا ، آنها منافع مشترک تمام پرولتاریا را مستقل از هر ملیت نشان می
دهند و به جبهه می آورند

Das tun sie in den nationalen Kämpfen der Proletarier der
verschiedenen Länder

دا کار هغوی د بیلابیلو هیوادونو د پرولتاریا په ملی مبارزو کي کوی

Zweitens vertreten sie immer und überall die Interessen der
gesamten Bewegung

دوم ، آنها همیشه و در همه جا از منافع جنبش به عنوان یک کل
نمایندگی می کنند

das tun sie in den verschiedenen Entwicklungsstadien, die
der Kampf der Arbeiterklasse gegen die Bourgeoisie zu
durchlaufen hat

آنها این کار را در مراحل مختلف توسعه انجام می دهند ، که مبارزه طبقه کارگر علیه بورژوازی باید از آن عبور کند

Die Kommunisten sind also auf der einen Seite praktisch der fortschrittlichste und entschiedenste Teil der Arbeiterparteien eines jeden Landes

بنابراین ، کمونیست ها از یک سو ، عملا ، پیشرفته ترین و قاطع ترین بخش احزاب طبقه کارگر هر کشور هستند

Sie sind der Teil der Arbeiterklasse, der alle anderen vorantreibt

آنها آن بخش از طبقه کارگر هستند که همه دیگران را به جلو می برند

Theoretisch haben sie auch den Vorteil, dass sie die Marschlinie klar verstehen

از نظر نظری ، آنها همچنین این مزیت را دارند که به وضوح خط مارچ را درک کنند

Das verstehen sie besser im Vergleich zu der großen Masse des Proletariats

این را آنها در مقایسه با توده عظیم پرولتاریا بهتر درک می کنند

Sie verstehen die Bedingungen und die letzten allgemeinen Ergebnisse der proletarischen Bewegung

آنها شرایط و نتایج نهایی عمومی جنبش پرولتری را درک می کنند

Das unmittelbare Ziel des Kommunisten ist dasselbe wie das aller anderen proletarischen Parteien

هدف فوری کمونیست همان هدف است که تمام احزاب پرولتری دیگر دارند

Ihr Ziel ist die Formierung des Proletariats zu einer Klasse

هدف آنها تشکیل پرولتاریا در یک طبقه است

sie zielen darauf ab, die Vorherrschaft der Bourgeoisie zu stürzen

هدف آنها سرنگونی برتری بورژوازی است

das Streben nach politischer Machteroberung durch das Proletariat

تلاش برای تسخیر قدرت سیاسی توسط پرولتاریا

Die theoretischen Schlußfolgerungen der Kommunisten beruhen in keiner Weise auf Ideen oder Prinzipien der Reformer

نتیجه گیری های نظری کمونیست ها به هیچ وجه مبتنی بر ایده ها یا
اصول اصلاح طلبان نیست

es waren keine Möchtegern-Universalreformer, die die
theoretischen Schlussfolgerungen der Kommunisten
erfunden oder entdeckt haben

این اصلاح طلبان جهانی نبودند که نتیجه گیری های نظری کمونیست ها
را اختراع یا کشف کردند

Sie drücken lediglich in allgemeinen Begriffen tatsächliche
Verhältnisse aus, die aus einem bestehenden Klassenkampf
hervorgehen

آنها فقط ، به طور کلی ، روابط واقعی را که از یک مبارزه طبقاتی
موجود سرچشمه می گیرند ، بیان می کنند

Und sie beschreiben die historische Bewegung, die sich
unter unseren Augen abspielt und die diesen Klassenkampf
hervorgebracht hat

و آنها جنبش تاریخی را توصیف می کنند که زیر چشمان ما جریان دارد
و این مبارزه طبقاتی را به وجود آورده است

Die Abschaffung bestehender Eigentumsverhältnisse ist
keineswegs ein charakteristisches Merkmal des
Kommunismus

از بین بردن روابط مالکیت موجود به هیچ وجه یک ویژگی متمایز
کمونیزم نیست

Alle Eigentumsverhältnisse in der Vergangenheit waren
einem ständigen historischen Wandel unterworfen

په تیر وخت کې د ملکیت تولی اریکې په دوامداره توګه د تاریخی
بدلونونو تابع دی

Und diese Veränderungen waren eine Folge der
Veränderung der historischen Bedingungen

او دا بدلونونه په تاریخی شرایطو کې د بدلون په پایله کې وو

Die Französische Revolution zum Beispiel schaffte das
Feudaleigentum zugunsten des Bourgeoisie Eigentums ab

به عنوان مثال ، انقلاب فرانسه ، مالکیت فیودالی را به نفع مالکیت
بورژوازی لغو کرد

Das Unterscheidungsmerkmal des Kommunismus ist nicht
die Abschaffung des Eigentums im Allgemeinen

ویژگی متمایز کمونیزم به طور کلی از بین بردن مالکیت نیست

aber das Unterscheidungsmerkmal des Kommunismus ist
die Abschaffung des Bourgeoisie Eigentums

اما ویژگی متمایز کمونیزم از بین بردن مالکیت بورژوازی است

Aber das Privateigentum der modernen Bourgeoisie ist der
letzte und vollständigste Ausdruck des Systems der
Produktion und Aneignung von Produkten

اما مالکیت خصوصی بورژوازی مدرن آخرین و کامل ترین بیان سیستم
تولید و تصاحب محصولات است

Es ist der Endzustand eines Systems, das auf
Klassengegensätzen beruht, wobei der
Klassenantagonismus die Ausbeutung der Vielen durch die
Wenigen ist

، این آخرین حالت یک سیستم است که مبتنی بر تضادهای طبقاتی است
جایی که تضاد طبقاتی استثمار اکثریت توسط چند نفر است

In diesem Sinne läßt sich die Theorie der Kommunisten in
einem einzigen Satz zusammenfassen; die Abschaffung des
Privateigentums

‫د. په دي معنا ، د کمونیستانو نظریه په یوه جمله کی خلاصه کېدای شی‬
‫خصوصی ملکیت له منځه ورل‬

Uns Kommunisten hat man vorgeworfen, das Recht auf
persönlichen Eigentumserwerb abschaffen zu wollen

مور کمونیستان د شخصی ملکیت د تر لاسه کولو د حق د لغوه کولو په
هیله ملامت شوی یو

Es wird behauptet, dass diese Eigenschaft die Frucht der
eigenen Arbeit eines Menschen ist

دا ادعا کیږی چی دا ملکیت د انسان د خپل کار ثمره ده

Und diese Eigenschaft soll die Grundlage aller persönlichen
Freiheit, Aktivität und Unabhängigkeit sein.

او ادعا کیږی چی دا ملکیت د ټولو شخصی آزادی، فعالیت او خپلواکی
بنسټ دی.

"Hart erkämpftes, selbst erworbenes, selbst verdientes
Eigentum!"

"په سختی ګټل شوی، په خپله ترلاسه شوی، په خپله ترلاسه شوی جایداد"

Meinst du das Eigentum des kleinen Handwerkers und des
Kleinbauern?

آیا منظور شما دارایی خرده فروشان و دهقان کوچک است ؟

Meinen Sie eine Form des Eigentums, die der Bourgeoisie Form vorausging?

آیا منظور شما از یک شکل مالکیت است که قبل از شکل بورژوازی بوده است ؟

Es ist nicht nötig, sie abzuschaffen, die Entwicklung der Industrie hat sie zum großen Teil bereits zerstört

نیازی به از بین بردن آن نیست ، توسعه صنعت تا حد زیادی آن را از بین برده است

Und die Entwicklung der Industrie zerstört sie immer noch täglich

او د صنعت پرمختگ اوس هم هره ورځ یی له منځه وری

Oder meinen Sie das moderne Bourgeoisie Privateigentum?

یا منظور شما مالکیت خصوصی بورژوازی مدرن است ؟

Aber schafft die Lohnarbeit irgendein Eigentum für den Arbeiter?

اما آیا مزدوری کار برای کارگر دارایی ایجاد می کند ؟

Nein, die Lohnarbeit schafft nicht ein bisschen von dieser Art von Eigentum!

نه ، مزدی کار حتی یک ذره از این نوع دارایی را ایجاد نمی کند

Was Lohnarbeit schafft, ist Kapital; jene Art von Eigentum, das Lohnarbeit ausbeutet

هغه څه چی مزدوری کار ایجاد کوی سرمایه ده .هغه ډول ملکیت چی د مزدوری کار استثمار کوی

Das Kapital kann sich nur unter der Bedingung vermehren, daß es ein neues Angebot an Lohnarbeit für neue Ausbeutung erzeugt

سرمایه نه شی زیاتبدای مگر په دی شرط چی د تازه استثمار لپاره د مزدوری نوی عرضه رامنځته شی

Das Eigentum in seiner jetzigen Form beruht auf dem Antagonismus von Kapital und Lohnarbeit

مالکیت ، در شکل فعلی خود ، مبتنی بر تضاد سرمایه و مزدی کار است

Betrachten wir beide Seiten dieses Antagonismus

اجازه دهید که هر دو طرف این تضاد را بررسی کنیم

Kapitalist zu sein bedeutet nicht nur, einen rein persönlichen Status zu haben

سرمایه دار بودن نه تنها به معنای داشتن یک موقعیت شخصی خالص
است

**Stattdessen bedeutet Kapitalist zu sein auch, einen sozialen
Status in der Produktion zu haben**

در عوض ، سرمایه دار بودن به معنای داشتن یک موقعیت اجتماعی در
تولید است

**weil Kapital ein kollektives Produkt ist; Nur durch das
gemeinsame Handeln vieler Mitglieder kann sie in Gang
gesetzt werden**

زیرا سرمایه یک محصول جمعی است .یوازی د ډېرو غړو د متحد
عمل له لاري دا کار پیل کېدای شی

**Aber dieses gemeinsame Handeln ist der letzte Ausweg und
erfordert eigentlich alle Mitglieder der Gesellschaft**

اما این اقدام متحد آخرین راه حل است ، و در واقع به تمام اعضای
جامعه نیاز دارد

**Das Kapital verwandelt sich in das Eigentum aller
Mitglieder der Gesellschaft**

سرمایه د تولنۍ د ټولو غړو په ملکیت بدلیږی

**aber das Kapital ist also keine persönliche Macht; Es ist eine
gesellschaftliche Macht**

اما سرمایه ، بنابراین ، یک قدرت شخصی نیست .دا یو ټولنیز قدرت دی

**Wenn also Kapital in gesellschaftliches Eigentum
umgewandelt wird, so verwandelt sich dadurch nicht
persönliches Eigentum in gesellschaftliches Eigentum**

بنابراین وقتی سرمایه به مالکیت اجتماعی تبدیل می شود ، مالکیت
شخصی به مالکیت اجتماعی تبدیل نمی شود

**Nur der gesellschaftliche Charakter des Eigentums wird
verändert und verliert seinen Klassencharakter**

دا یوازي د ملکیت ټولنیز خصلت دی چی بدلون مومی او خپل طبقاتی
خصلت له لاسه ورکوی

Betrachten wir nun die Lohnarbeit

اوس راځئ چی مزدوری ته وگورو

**Der Durchschnittspreis der Lohnarbeit ist der Mindestlohn,
d.h. das Quantum der Lebensmittel**

متوسط قیمت مزدی کار حداقل دستمزد است ، یعنی مقدار وسایل معیشت
است

Dieser Lohn ist für die bloße Existenz als Arbeiter absolut notwendig

دا مزد د کارګر په توګه مطلقا ارین دی

Was sich also der Lohnarbeiter durch seine Arbeit aneignet, genügt nur, um ein bloßes Dasein zu verlängern und zu reproduzieren

، له دې امله ، هغه څه چي مزدوری د خپل کار په وسیله تصاحب کوی یوازي د یوه لغر وجود د اوردولو او بیا تولید کولو لپاره بسنه کوی

Wir beabsichtigen keineswegs, diese persönliche Aneignung der Arbeitsprodukte abzuschaffen

ما به هیڅ وجه قصد نداریم که این تصرف شخصی از محصولات کار را لغو کنیم

eine Aneignung, die für die Erhaltung und Reproduktion des menschlichen Lebens bestimmt ist

هغه تخصیص چي د انسان د ژوند د ساتني او تولید لپاره جوړ شوی دی

Eine solche persönliche Aneignung der Arbeitsprodukte lässt keinen Überschuss übrig, mit dem man die Arbeit anderer befehlen könnte

د کار د محصولاتو داسي شخصي تخصیص هیڅ اضافی نه پریږدی چي د نورو په کار کي امر وکړی

Alles, was wir beseitigen wollen, ist der erbärmliche Charakter dieser Aneignung

تول هغه څه چي موږ غواړو له منځه یوسو ، د دي تخصیص بدمرغه خصلت دی

die Aneignung, unter der der Arbeiter lebt, bloß um das Kapital zu vermehren

تخصیص که تحت آن کارګر فقط برای افزایش سرمایه زندگی می کند

Er darf nur leben, soweit es das Interesse der herrschenden Klasse erfordert

هغه اجازه لری چي یوازي تر هغه حده ژوند وکړی چي د حاکمي طبقي ګتي ایجاب کوی

In der Bourgeoisie Gesellschaft ist die lebendige Arbeit nur ein Mittel, um die akkumulierte Arbeit zu vermehren

در جامعه بورژوازی ، کار زنده فقط وسیله ای برای افزایش کار انباشته شده است

In der kommunistischen Gesellschaft ist die akkumulierte
Arbeit nur ein Mittel, um die Existenz des Arbeiters zu
erweitern, zu bereichern und zu fördern

، در جامعه کمونیستی ، کار انباشته شده تنها وسیله ای برای گسترش
غنی سازی ، ترویج وجود کارگر است

In der Bourgeoisie Gesellschaft dominiert daher die
Vergangenheit die Gegenwart

بنابراین ، در جامعه بورژوازی ، گذشته بر زمان حال حاکم است

In der kommunistischen Gesellschaft dominiert die
Gegenwart die Vergangenheit

در جامعه کمونیستی ، حال بر گذشته حاکم است

In der Bourgeoisie Gesellschaft ist das Kapital unabhängig
und hat Individualität

در جامعه بورژوازی سرمایه مستقل است و دارای فردیت است

In der Bourgeoisie Gesellschaft ist der lebende Mensch
abhängig und hat keine Individualität

په بورژوازی تولنه کې ژوندی شخص وابسته دی او انفرادیت نه لری

Und die Abschaffung dieses Zustandes wird von der
Bourgeoisie als Abschaffung der Individualität und Freiheit
bezeichnet!

و از بین بردن این حالت از سوی بورژوازی ، لغو فردیت و آزادی است

Und man nennt sie mit Recht die Abschaffung von
Individualität und Freiheit!

و به درستی آن را لغو فردیت و آزادی می نامند

Der Kommunismus strebt die Abschaffung der Bourgeoisie
Individualität an

هدف کمونیزم از بین بردن فردیت بورژوازی است

Der Kommunismus strebt die Abschaffung der
Unabhängigkeit der Bourgeoisie an

کمونیزم قصد دارد استقلال بورژوازی را از بین ببرد

Die BourgeoisieFreiheit ist zweifellos das, was der
Kommunismus anstrebt

آزادی بورژوازی بدون شک همان چیزی است که کمونیزم به دنبال آن
است

unter den gegenwärtigen Bourgeoisie
Produktionsbedingungen bedeutet Freiheit freien Handel,
freien Verkauf und freien Kauf

در شرایط تولید بورژوازی کنونی ، آزادی به معنای تجارت آزاد ، خرید
و فروش آزاد است

Aber wenn das Verkaufen und Kaufen verschwindet,
verschwindet auch das freie Verkaufen und Kaufen

اما اگر خرید و فروش از بین برود ، خرید و فروش نیز از بین برود

"Mutige Worte" der Bourgeoisie über den freien Verkauf
und Kauf haben nur eine begrenzte Bedeutung

کلمات شجاعانه "توسط بورژوازی در مورد خرید و فروش آزاد فقط "
در یک مفهوم محدود معنی دارند

Diese Worte haben nur im Gegensatz zu eingeschränktem
Verkauf und Kauf eine Bedeutung

دا تکی یوازي د محدود خرڅلاو او پیرودلو په تضاد کي معنا لري

und diese Worte haben nur dann eine Bedeutung, wenn sie
auf die gefesselten Händler des Mittelalters angewandt
werden

او دا کلمي یوازي هغه وخت معنا لري چي د منځنیو پیریو د ترل شویو
سوداگرو لپاره وکارول شی

und das setzt voraus, dass diese Worte überhaupt eine
Bedeutung im Bourgeoisie Sinne haben

و این فرض می کند که این کلمات حتی در مفهوم بورژوازی معنی دارند

aber diese Worte haben keine Bedeutung, wenn sie
gebraucht werden, um sich gegen die kommunistische
Abschaffung des Kaufens und Verkaufens zu wehren

اما این کلمات هیچ معنایی ندارند وقتی که آنها برای مخالفت با لغو خرید
و فروش کمونیستی استفاده می شوند

die Worte haben keine Bedeutung, wenn sie gebraucht
werden, um sich gegen die Abschaffung der Bourgeoisie
Produktionsbedingungen zu wehren

این کلمات زمانی معنی ندارند که برای مخالفت با شرایط بورژوازی
تولید که از بین می رود ، استفاده می شوند

und sie haben keine Bedeutung, wenn sie benutzt werden,
um sich gegen die Abschaffung der Bourgeoisie selbst zu
wehren

و وقتی از آنها برای مخالفت با لغو بورژوازی استفاده می شود ، هیچ معنایی ندارند

Sie sind entsetzt über unsere Absicht, das Privateigentum abzuschaffen

شما از قصد ما برای از بین بردن مالکیت شخصی وحشت زده می شوید

Aber in eurer jetzigen Gesellschaft ist das Privateigentum für neun Zehntel der Bevölkerung bereits abgeschafft

اما در جامعه فعلی شما ، مالکیت خصوصی برای نه دهم جمعیت از بین رفته است

Die Existenz des Privateigentums für einige wenige beruht einzig und allein darauf, dass es in den Händen von neun Zehnteln der Bevölkerung nicht existiert

وجود مالکیت خصوصی برای چند نفر تنها به دلیل عدم وجود آن در دست نه دهم جمعیت است

Sie werfen uns also vor, daß wir eine Form des Eigentums abschaffen wollen

بنابراین ، شما ما را ملامت می کنید که قصد داریم یک نوع دارایی را از بین ببریم

Aber das Privateigentum erfordert für die ungeheure Mehrheit der Gesellschaft die Nichtexistenz jeglichen Eigentums

خو خصوصی ملکیت د تولنی د اکثریت لپاره د ملکیت د نشتوالی لامل کرځی

Mit einem Wort, Sie werfen uns vor, daß wir Ihr Eigentum beseitigen wollen

په یوه کلمه، تاسو مورږ ملامت کوئ چی قصد لرو ستاسو شتمنی له منځه یوسو

Und genau so ist es; Ihr Eigentum abzuschaffen, ist genau das, was wir beabsichtigen

او دقیقا همداسی ده .ستاسو د جایداد له منځه ورل هغه څه دی چی مورږ یې غوارو

Von dem Augenblick an, wo die Arbeit nicht mehr in Kapital, Geld oder Rente verwandelt werden kann

از لحظه ای که کار دیگر نمی تواند به سرمایه ، پول یا اجاره تبدیل شود

wenn die Arbeit nicht mehr in eine gesellschaftliche Macht umgewandelt werden kann, die monopolisiert werden kann

وقتی که کار دیگر نمی تواند به یک قدرت اجتماعی تبدیل شود که بتواند در انحصار باشد

von dem Augenblick an, wo das individuelle Eigentum nicht mehr in Bourgeoisie Eigentum verwandelt werden kann

از لحظه ای که مالکیت فردی دیگر نمی تواند به دارایی بورژوازی تبدیل شود

von dem Augenblick an, wo das individuelle Eigentum nicht mehr in Kapital verwandelt werden kann

له هغي لحظي څخه چي فردي ملکيت نور په سرمايه نه شى بدلېداى

Von diesem Moment an sagst du, dass die Individualität verschwindet

از آن لحظه ، شما می گویید که فردیت از بین می رود

Sie müssen also gestehen, daß Sie mit »Individuum« keine andere Person meinen als die Bourgeoisie

بنابراین شما باید اعتراف کنید که منظور شما از "فرد "غیر از بورژوازی شخص دیگری نیست

Sie müssen zugeben, dass es sich speziell auf den Bourgeoisie Eigentümer von Immobilien bezieht

تاسو باید اعتراف وکړئ چي دا په خانگړي توگه د منځنى طبقي د جایداد مالک ته اشاره کوى

Diese Person muss in der Tat aus dem Weg geräumt und unmöglich gemacht werden

دا شخص باید په رښتيا هم له لاري وغورځول شى او ناممکن شى

Der Kommunismus beraubt niemanden der Macht, sich die Produkte der Gesellschaft anzueignen

کمونیزم هیچ کس را از قدرت تصرف محصولات جامعه محروم نمی کند

Alles, was der Kommunismus tut, ist, ihm die Macht zu nehmen, die Arbeit anderer durch eine solche Aneignung zu unterjochen

تول هغه څه چي کمونيزم کوى هغه دا دى چي هغه له دي توان څخه محروم کړى چي د نورو کار د داسي تخصيص له لاري تابع کړى

Man hat eingewendet, daß mit der Abschaffung des Privateigentums alle Arbeit aufhören werde

دا اعتراض شوى دى چي د خصوصى ملکيت د لغوه کېدو سره به تول کارونه بند شى

Und dann wird suggeriert, dass uns die universelle Faulheit überwältigen wird

و سپس پیشنهاد می شود که تنبلی جهانی بر ما غلبه خواهد کرد

Demnach hätte die BourgeoisieGesellschaft schon längst vor lauter Müßiggang vor die Hunde gehen müssen

بر این اساس ، جامعه بورژوازی باید خیلی وقت پیش به سگ ها از طریق بطالت محض رفته باشد

denn diejenigen ihrer Mitglieder, die arbeiten, erwerben nichts

. ځکه هغه غړی چی کار کوی ، هیڅ شی ترلاسه نه کوی

und diejenigen von ihren Mitgliedern, die etwas erwerben, arbeiten nicht

او هغه کسان چی هر څه ترلاسه کوی ، کار نه کوی

Der ganze Einwand ist nur ein weiterer Ausdruck der Tautologie

تمام این اعتراض فقط یک بیان دیگر از توتولوژی است

Es kann keine Lohnarbeit mehr geben, wenn es kein Kapital mehr gibt

کله چی سرمایه نه وی ، نور مزدوری نه شی کېدای

Es gibt keinen Unterschied zwischen materiellen und mentalen Produkten

د مادی محصولاتو او ذهنی تولیداتو ترمنځ هیڅ توپیر نشته

Der Kommunismus schlägt vor, dass beides auf die gleiche Weise produziert wird

کمونیزم پیشنهاد می کند که این دو به یک شکل تولید می شوند

aber die Einwände gegen die kommunistischen Produktionsweisen sind dieselben

اما اعتراضات علیه شیوه های تولید کمونیستی این ها یکسان است

Für die Bourgeoisie ist das Verschwinden des Klasseneigentums das Verschwinden der Produktion selbst

د بورژوازی له نظره د طبقاتی ملکیت له منځه تلل په خپله د تولید له منځه تلل دی

So ist für ihn das Verschwinden der Klassenkultur identisch mit dem Verschwinden aller Kultur

نو د طبقاتی کلتور له منځه تلل د هغه لپاره د ټولو کلتورونو له منځه تللو سره یو شان دی

Diese Kultur, deren Verlust er beklagt, ist für die
überwiegende Mehrheit ein bloßes Training, um als
Maschine zu agieren

این فرهنگ ، که از دست دادن آن او افسوس می خورد ، برای اکثریت
عظیم فقط یک آموزش است تا مانند یک ماشین عمل کنند

Die Kommunisten haben die Absicht, die Kultur des
Bourgeoisie Eigentums abzuschaffen

کمونیست ها قصد دارند فرهنگ مالکیت بورژوازی را از بین ببرند

Aber zankt euch nicht mit uns, solange ihr den Maßstab
eurer Bourgeoisie Vorstellungen von Freiheit, Kultur, Recht
usw. anlegt

، اما تا زمانی که شما معیارهای بورژوازی خود را در مورد آزادی
فرهنگ ، قانون و غیره تطبیق می کنید ، با ما بحث نکنید

Eure Ideen selbst sind nur die Auswüchse der Bedingungen
eurer Bourgeoisie Produktion und eures Bourgeoisie
Eigentums

ایده های شما چیزی جز نتیجه شرایط تولید بورژوازی و مالکیت
بورژوازی شما نیست

so wie eure Jurisprudenz nichts anderes ist als der Wille
eurer Klasse, der zum Gesetz für alle gemacht wurde

لکه څنګه چی ستاسو فقه یوازي ستاسو د طبقي اراده ده چی د تولو لپاره
یو قانون جوړ شوی دی

Der wesentliche Charakter und die Richtung dieses Willens
werden durch die ökonomischen Bedingungen bestimmt,
die Ihre soziale Klasse schafft

د دي ارادي اساسی خصلت او لوری د اقتصادی شرایطو له مخي ټاکل
کیږی چی ستاسو ټولنیز طبقه یی رامنځ ته کوی

Der selbstsüchtige Irrtum, der dich veranlaßt, soziale
Formen in ewige Gesetze der Natur und der Vernunft zu
verwandeln

خودخواهانه غلط فهمی که شما را تشویق می کند تا شکل های اجتماعی
را به قوانین ابدی طبیعت و عقل تبدیل کنید

die gesellschaftlichen Formen, die aus eurer gegenwärtigen
Produktionsweise und Eigentumsform entspringen

هغه ټولنیز بڼی چی ستاسو د تولید او ملکیت له اوسنی بڼی څخه سرچینه
اخلی

historische Beziehungen, die im Fortschritt der Produktion
auf- und verschwinden

تاریخی اریکی چی د تولید په پرمختګ کی په پورته کیږی او له منځه ځی

Dieses Missverständnis teilt ihr mit jeder herrschenden
Klasse, die euch vorausgegangen ist

، این غلط فهمی را شما با هر طبقه حاکم که قبل از شما بوده است
شریک می کنید

Was Sie bei antikem Eigentum klar sehen, was Sie bei
feudalem Eigentum zugeben

هغه څه چی تاسو یی د لرغونی ملکیت په برخه کی په روښنانه توګه
وینئ ، هغه څه چی تاسو یی د فیودالی ملکیت په برخه کی اعتراف کوئ

diese Dinge dürfen Sie natürlich nicht zugeben, wenn es
sich um Ihre eigene BourgeoisieEigentumsform handelt

البته ، شما از اعتراف به این چیزها در مورد مالکیت بورژوازی خود
منع شده اید

Abschaffung der Familie! Selbst die Radikalsten entrüsten
sich über diesen infamen Vorschlag der Kommunisten

د کورنی له منځه ورل حتی رادیکال ترین افراد نیز در مورد این پیشنهاد
بدنام کمونیست ها شعله ور می شوند

Auf welcher Grundlage beruht die heutige Familie, die
BourgeoisieFamilie?

خانواده کنونی ، خانواده بورژوازی ، بر چه اساسی استوار است ؟

Die Gründung der heutigen Familie beruht auf Kapital und
privatem Gewinn

د اوسنی کورنی بنست د پانګی او شخصی ګټو پر بنست دی

In ihrer voll entwickelten Form existiert diese Familie nur
unter der Bourgeoisie

این خانواده در شکل کامل خود فقط در میان بورژوازی وجود دارد

Dieser Zustand der Dinge findet seine Ergänzung in der
praktischen Abwesenheit der Familie bei den Proletariern

این وضعیت در غیاب عملی خانواده در میان پرولتاریا تکمیل می یابد

Dieser Zustand ist in der öffentlichen Prostitution zu finden

دا حالت په عامه فحشا کی موندل کیږی

Die BourgeoisieFamilie wird wie selbstverständlich
verschwinden, wenn ihr Komplement verschwindet

د بورژوازۍ کورنۍ به هغه وخت له منځه لار شي کله چي بشپړه برخه
یې له منځه لار شي

**Und beides wird mit dem Verschwinden des Kapitals
verschwinden**

. او دا دواړه اراده به د پانګي له منځه تللو سره له منځه لار شي

**Werfen Sie uns vor, dass wir die Ausbeutung von Kindern
durch ihre Eltern stoppen wollen?**

آیا شما ما را متهم می کنید که می خواهیم جلوی استثمار کودکان توسط
والدین آنها را بگیریم ؟

Diesem Verbrechen bekennen wir uns schuldig

د دي جرم په اړه مونږ ګناه منو

**Aber, werden Sie sagen, wir zerstören die heiligsten
Beziehungen, wenn wir die häusliche Erziehung durch die
soziale Erziehung ersetzen**

، اما ، شما خواهید گفت ، ما مقدس ترین روابط را از بین می بریم
زمانی که ما آموزش و پرورش را با آموزش اجتماعی جایگزین می کنیم

**Ist Ihre Erziehung nicht auch sozial? Und wird sie nicht von
den gesellschaftlichen Bedingungen bestimmt, unter denen
man erzieht?**

آیا تحصیلات شما نیز اجتماعی نیست؟ و آیا این توسط شرایط اجتماعی
که شما تحت آن تحصیل می کنید تعیین نمی شود ؟

**durch direkte oder indirekte Eingriffe in die Gesellschaft,
durch Schulen usw.**

د ټولنۍ په مستقیم یا غیر مستقیم مداخله، د ښوونځیو او داسي نورو په
.واسطه مداخله

**Die Kommunisten haben die Einmischung der Gesellschaft
in die Erziehung nicht erfunden**

کمونیست ها مداخله جامعه را در آموزش اختراع نکرده اند

**Sie versuchen lediglich, den Charakter dieses Eingriffs zu
ändern**

آنها فقط به دنبال تغییر ماهیت این مداخله هستند

**Und sie versuchen, das Bildungswesen vor dem Einfluss der
herrschenden Klasse zu retten**

او دوی په دې لټه کي دي چي ښوونه او روزنه د حاکمي طبقې له نفوذ
څخه وژغوري

Die Bourgeoisie spricht von der geheiligten Beziehung von Eltern und Kind

بورژوازی د مور او پلار او ماشوم د مقدس اړیکو خبري کوی

aber dieses Geschwätz über die Familie und die Erziehung wird um so widerwärtiger, wenn wir die moderne Industrie betrachten

اما این تله در مورد خانواده و تعلیم و تربیه زمانی که ما به صنعت مدرن نگاه می کنیم ، بیشتر نفرت انگیز می شود

Alle Familienbande unter den Proletariern werden durch die moderne Industrie zerrissen

تمام پیوندهای خانوادگی در میان پرولتاریا توسط صنعت مدرن از هم پاشیده شده است

ihre Kinder werden zu einfachen Handelsartikeln und Arbeitsinstrumenten

د هغوی ماشومان په ساده سوداگری او د کار په وسایلو بدل شوی دی

Aber ihr Kommunisten würdet eine Gemeinschaft von Frauen schaffen, schreit die ganze Bourgeoisie im Chor

اما شما کمونیست ها می توانید یک جامعه از زنان را ایجاد کنید ، تمام بورژوازی را در گروه کر فریاد می زنید

Die Bourgeoisie sieht in seiner Frau ein bloßes Produktionsinstrument

بورژوازی در همسرش فقط یک ابزار تولید می بیند

Er hört, dass die Produktionsmittel von allen ausgebeutet werden sollen

هغه اوری چی د تولید وسایل باید د تولو له خوا استثمار شی

Und natürlich kann er zu keinem anderen Schluß kommen, als daß das Los, allen gemeinsam zu sein, auch den Frauen zufallen wird

او طبعاً ، هغه نه شی کولای پرته له دی چی د تولو مشترکات هم په بنخو پوری اره ولری ، هیڅ نتیجی ته نه شی رسېدلی

Er hat nicht einmal den geringsten Verdacht, dass es in Wirklichkeit darum geht, die Stellung der Frau als bloße Produktionsinstrumente abzuschaffen

او حتی شک هم ندارد که نکته اصلی این است که وضعیت زنان را به عنوان ابزار تولید از بین ببرد

Im übrigen ist nichts lächerlicher als die tugendhafte Empörung unserer Bourgeoisie über die Gemeinschaft der Frauen

برای بقیه ، هیچ چیز مضحک تر از خشم با فضیلت بورژوازی ما نسبت به جامعه زنان نیست

sie tun so, als ob sie von den Kommunisten offen und offiziell eingeführt werden sollte

آنها وانمود می کنند که این به طور علنی و رسمی توسط کمونیست ها تاسیس شده است

Die Kommunisten haben es nicht nötig, die Gemeinschaft der Frauen einzuführen, sie existiert fast seit undenklichen Zeiten

کمونیست ها نیازی به معرفی جامعه زنان ندارند ، این تقریبا از زمان های بسیار قدیم وجود داشته است

Unsere Bourgeoisie begnügt sich nicht damit, die Frauen und Töchter ihrer Proletarier zur Verfügung zu haben

بورژوازی ما به داشتن زنان و دختران پرولتاریا در اختیار ندارد

Sie haben das größte Vergnügen daran, ihre Frauen gegenseitig zu verführen

دوی د یو بل د مېرمنو په اغوا کولو کې تر تولو زیات خوند اخلی

Und das ist noch nicht einmal von gewöhnlichen Prostituierten zu sprechen

او دا حتی د عامو فاحشو په اره هم نه دی ویل شوی

Die BourgeoisieEhe ist in Wirklichkeit ein System gemeinsamer Ehefrauen

بورژوازی ازدواج در حقیقت یک سیستم مشترک زنان است

dann gibt es eine Sache, die man den Kommunisten vielleicht vorwerfen könnte

پس از آن یک چیز وجود دارد که ممکن است کمونیست ها به آن سرزنش شوند

Sie wollen eine offen legalisierte Gemeinschaft von Frauen einführen

دوی غواری چی د بنحو یوه آزاده قانونی تولنه معرفی کری

statt einer heuchlerisch verhüllten Gemeinschaft von Frauen

به جای یک جامعه پنهان ریاکارانه از زنان

Die Gemeinschaft der Frauen, die aus dem
Produktionssystem hervorgegangen ist

د بنځو تولنه چی د تولید له سیستم څخه سرچینه اخلی

Schafft das Produktionssystem ab, und ihr schafft die
Gemeinschaft der Frauen ab

سیستم تولید را از بین ببرید ، و جامعه زنان را از بین ببرید

Sowohl die öffentliche Prostitution als auch die private
Prostitution wird abgeschafft

هم عامه فحشا له منځه ورل شوي او هم شخصی فحشا

Den Kommunisten wird noch dazu vorgeworfen, sie wollten
Länder und Nationalitäten abschaffen

کمونیست ها علاوه بر این بیشتر مورد سرزنش قرار می گیرند که می
خواهند کشورها و ملیت ها را از بین ببرند

Die Arbeiter haben kein Vaterland, also können wir ihnen
nicht nehmen, was sie nicht haben

کارگران کشور ندارند ، بنابراین ما نمی توانیم آنچه را که آنها بدست
نیاورند از آنها بگیریم

Das Proletariat muss vor allem die politische Herrschaft
erlangen

پرولتاریا باید قبل از هر چیز حاکمیت سیاسی را بدست آورد

Das Proletariat muss sich zur führenden Klasse der Nation
erheben

پرولتاریا باید به عنوان یک طبقه پیشرو در ملت برخیزد

Das Proletariat muss sich zur Nation konstituieren

پرولتاریا باید خود را ملت تشکیل دهد

sie ist bis jetzt selbst national, wenn auch nicht im
Bourgeoisie Sinne des Wortes

این کشور تا کنون خود ملی است ، اگرچه نه به معنای بورژوازی کلمه

Nationale Unterschiede und Gegensätze zwischen den
Völkern verschwinden täglich mehr und mehr

ملی اختلافات و دشمنی ها بین مردم روز به روز از بین می روند

der Entwicklung der Bourgeoisie, der Freiheit des Handels,
des Weltmarktes

د بورژوازی د پرمختگ له امله ، د سوداگری ازادی ، د نړیوال بازار له
امله

zur Gleichförmigkeit der Produktionsweise und der ihr entsprechenden Lebensbedingungen

د تولید په بنه او د ژوند په شرایطو کي چي ورسره متناظر دی یو دول والی

Die Herrschaft des Proletariats wird sie noch schneller verschwinden lassen

برتری پرولتاریا باعث می شود که آنها حتی سریعتر از بین بروند

Die einheitliche Aktion, wenigstens der führenden zivilisierten Länder, ist eine der ersten Bedingungen für die Befreiung des Proletariats

اقدام متحد ، حداقل از سوی کشورهای متمدن پیشرو ، یکی از اولین شرایط آزادی پرولتاریا است

In dem Maße, wie der Ausbeutung eines Individuums durch ein anderes ein Ende gesetzt wird, wird auch der Ausbeutung einer Nation durch eine andere ein Ende gesetzt.

، به همان نسبت که استثمار یک فرد توسط فرد دیگر پایان داده شود استثمار یک ملت توسط ملت دیگر نیز پایان خواهد یافت

In dem Maße, wie der Antagonismus zwischen den Klassen innerhalb der Nation verschwindet, wird die Feindschaft einer Nation gegen die andere ein Ende haben

به همان اندازه که تضاد بین طبقات در داخل ملت از بین برود ، دشمنی یک ملت با ملت دیگر به پایان خواهد رسید

Die Anschuldigungen gegen den Kommunismus, die von einem religiösen, philosophischen und allgemein von einem ideologischen Standpunkt aus erhoben werden, verdienen keine ernsthafte Prüfung

اتهامات علیه کمونیزم که از نظر مذهبی ، فلسفی و به طور کلی از نظر ایدئولوژیک مطرح شده است ، شایسته بررسی جدی نیست

Braucht es eine tiefe Intuition, um zu begreifen, dass sich die Ideen, Ansichten und Vorstellungen des Menschen mit jeder Veränderung der Bedingungen seiner materiellen Existenz ändern?

آیا درک اینکه ایده ها ، دیدگاه ها و تصورات انسان با هر تغییر در شرایط وجود مادی او تغییر می کند ، عمیق شهود لازم است ؟

Ist es nicht offensichtlich, dass das Bewusstsein des Menschen sich Verändert, wenn seine sozialen Beziehungen und sein soziales Leben ändern?

آیا دا څرگنده نه ده چې د انسان شعور هغه وخت بدلون مومی کله چې د هغه تولنیز اړیکي او تولنیز ژوند تغیر کوي؟

Was beweist die Ideengeschichte anderes, als daß die geistige Produktion ihren Charakter in dem Maße ändert, wie die materielle Produktion verändert wird?

تاریخ ایده ها چه چیز دیگری را ثابت می کند ، جز این که تولید فکری با تغییر تولید مادی ، ماهیت خود را تغییر می دهد ؟

Die herrschenden Ideen eines jeden Zeitalters waren immer die Ideen seiner herrschenden Klasse

د هر عصر حاکم نظریات تل د هغه د حاکمي طبقي مفکوري دی

Wenn Menschen von Ideen sprechen, die die Gesellschaft revolutionieren, drücken sie nur eine Tatsache aus

کله چې خلک د هغو نظرونو په اړه خبري کوي چې تولنه کې انقلاب راولي ، دوی یوازي یو حقیقت څرگندوي

Innerhalb der alten Gesellschaft wurden die Elemente einer neuen geschaffen

په زاړه تولنه کې ، د نوی تولنی عناصر ایجاد شوی دی

und daß die Auflösung der alten Ideen mit der Auflösung der alten Daseinsverhältnisse Schritt hält

او دا چې د زړو نظریاتو انحلال د موجودیت د زړو شرایطو د انحلال سره همغږی دی

Als die Antike in den letzten Zügen lag, wurden die alten Religionen vom Christentum überwunden

کله چې لرغونی نړی په وروستی پړاو کې وه ، لرغونی مذهبونه د مسیحیت له خوا مغلوب شول

Als die christlichen Ideen im 18. Jahrhundert den rationalistischen Ideen erlagen, kämpfte die feudale Gesellschaft ihren Todeskampf mit der damals revolutionären Bourgeoisie

هنگامی که ایده های مسیحی در قرن 18 تسلیم عقل گرایانه نظریات شدند ، فیودالی جامعه با انقلابی بورژوازی آن زمان مبارزه کرد

Die Ideen der Religions- und Gewissensfreiheit brachten lediglich die Herrschaft des freien Wettbewerbs auf dem Gebiet des Wissens zum Ausdruck

د مذهبی ازادی او د وجدان د آزادی مفکوري یوازي د پوهي په ساحه کې د آزادي سیالی نفوذ څرګندوی

"Zweifellos", wird man sagen, "sind religiöse, moralische, philosophische und juristische Ideen im Laufe der geschichtlichen Entwicklung modifiziert worden"

باید وویل شی چی "بې له شکه ، مذهبی ، اخلاقی ، فلسفی او حقوقی نظریات د تاریخی پرمختګ په بهیر کې تعدیل شوی دی"

"Aber Religion, Moralphilosophie, Politikwissenschaft und Recht überlebten diesen Wandel ständig."

اما مذهب ، فلسفه اخلاق ، علوم سیاسی و قانون ، به طور مداوم از این "تغییر جان سالم به در بردند"

"Es gibt auch ewige Wahrheiten, wie Freiheit, Gerechtigkeit usw."

"ابدی حقیقتونه هم شته ، لکه آزادی ، عدالت ، او نور"

"Diese ewigen Wahrheiten sind allen Zuständen der Gesellschaft gemeinsam"

"دا ابدی حقیقتونه د ټولنې په ټولو حالتونو کې مشترک دی".

"Aber der Kommunismus schafft die ewigen Wahrheiten ab, er schafft alle Religion und alle Moral ab."

اما کمونیزم حقایق ابدی را از بین می برد ، تمام مذهب ها و تمام" اخلاقیات را از بین می برد "

"Sie tut dies, anstatt sie auf einer neuen Grundlage zu konstituieren"

"دا کار کوی د دې پر خای چی هغوی په نوی بنست جور کړی"

"Sie handelt daher im Widerspruch zu allen bisherigen historischen Erfahrungen"

"بنابراین در تضاد با تمام تجربه های تاریخی گذشته عمل می کند"

Worauf reduziert sich dieser Vorwurf?

این اتهام خود را به چه چیزی کاهش می دهد؟

Die Geschichte aller vergangenen Gesellschaften hat in der Entwicklung von Klassengegensätzen bestanden

تاریخ تمام جامعه گذشته شامل توسعه تضادهای طبقاتی بوده است

Antagonismen, die in verschiedenen Epochen
unterschiedliche Formen annahmen

تضادونه چی په مختلفو دورو کی مختلف شکلونه غوره کوی

Aber welche Form sie auch immer angenommen haben
mögen, eine Tatsache ist allen vergangenen Zeitaltern
gemeinsam

اما هر شکلی که آنها به خود گرفته اند ، یک حقیقت در تمام اعصار
گذشته مشترک است

die Ausbeutung eines Teils der Gesellschaft durch den
anderen

استثمار یک بخش از جامعه توسط بخش دیگر

Kein Wunder also, dass sich das gesellschaftliche
Bewußtsein vergangener Zeiten innerhalb gewisser
allgemeiner Formen oder allgemeiner Vorstellungen bewegt

پس جای تعجب نیست که آگاهی اجتماعی اعصار گذشته در درون برخی
از اشکال مشترک یا نظریات عمومی حرکت می کند

(und das trotz aller Vielfalt und Vielfalt, die es zeigt)

(او دا د تولو کثرت او تنوع سره سره چی دا ښکاره کوی)

Und diese können nur mit dem gänzlichen Verschwinden
der Klassengegensätze völlig verschwinden

و اینها نمی توانند به طور کامل از بین بروند مگر با از بین رفتن کامل
تضادهای طبقاتی

Die kommunistische Revolution ist der radikalste Bruch mit
den traditionellen Eigentumsverhältnissen

انقلاب کمونیستی با روابط سنتی مالکیت بسیار رادیکال است

Kein Wunder, dass ihre Entwicklung den radikalsten Bruch
mit den traditionellen Vorstellungen mit sich bringt

جای تعجب نیست که توسعه آن شامل جدایی بسیار رادیکال با ایده های
سنتی است

Aber lassen wir die Einwände der Bourgeoisie gegen den
Kommunismus hinter uns

اما اجازه دهید با اعتراضات بورژوازی به کمونیزم کار کنیم

Wir haben oben den ersten Schritt der Arbeiterklasse in der
Revolution gesehen

ما در بالا شاهد اولین قدم در انقلاب طبقه کارگر بودیم

Das Proletariat muss zur Herrschaft erhoben werden, um
den Kampf der Demokratie zu gewinnen

پرولتاریا باید به مقام حاکمیت برسد ، تا در نبرد دموکراسی پیروز شود

Das Proletariat wird seine politische Vorherrschaft
benutzen, um der Bourgeoisie nach und nach alles Kapital
zu entreißen

پرولتاریا از برتری سیاسی خود استفاده خواهد کرد تا به تدریج تمام
سرمایه را از بورژوازی بگیرد

sie wird alle Produktionsmittel in den Händen des Staates
zentralisieren

دا به د تولید تول وسایل د دولت په لاس کی متمرکز کړی

Mit anderen Worten, das Proletariat organisierte sich als
herrschende Klasse

به عبارت دیگر ، پرولتاریا به عنوان طبقه حاکم سازمان یافت

Und sie wird die Summe der Produktivkräfte so schnell wie
möglich vermehren

او دا به د تولیدی قوتونو تول په چتکی سره لور کړی

Natürlich kann dies anfangs nur durch despotische Eingriffe
in die Eigentumsrechte geschehen

البته ، در ابتدا ، این امر نمی تواند انجام شود مگر از طریق تجاوز
استبدادی به حقوق مالکیت

und sie muss unter den Bedingungen der Bourgeoisie
Produktion erreicht werden

او باید د بورژوازی د تولید په شرایطو کی ترلاسه شی

Sie wird also durch Maßnahmen erreicht, die wirtschaftlich
unzureichend und unhaltbar erscheinen

له دی امله ، دا د هغو اقداماتو له لاری ترلاسه کیږی چی له اقتصادی
پلوه ناکافی او ناقابل دفاع بنکاری

aber diese Mittel überflügeln sich im Laufe der Bewegung
selbst

اما این وسایل ، در جریان جنبش ، از خود پیشی می گیرند

sie erfordern weitere Eingriffe in die alte
Gesellschaftsordnung

دوی په زاره تولنیز نظم کی د نورو بریدونو ارتیا لری

und sie sind unvermeidlich, um die Produktionsweise völlig
zu revolutionieren

و آنها به عنوان یک وسیله برای انقلاب کامل در شیوه تولید اجتناب
ناپذیر هستند

**Diese Maßnahmen werden natürlich in den verschiedenen
Ländern unterschiedlich sein**

البته دا اقدامات به په بیلابیلو هیوادونو کې توپیر ولری

**Nichtsdestotrotz wird in den am weitesten fortgeschrittenen
Ländern das Folgende ziemlich allgemein anwendbar sein**

با این حال ، در پیشرفته ترین کشورها ، موارد زیر به طور کلی قابل
اجرا خواهد بود

**1. Abschaffung des Grundeigentums und Verwendung aller
Grundrenten für öffentliche Zwecke.**

د څمکې د ملکیت لغوه کول او د څمکې د تولو کرایی د عامه اهدافو .

2. Eine hohe progressive oder abgestufte Einkommensteuer.

د. عایداتو درانه تدریجی یا تدریجی مالیه

3. Abschaffung jeglichen Erbrechts.

د. وراثت د تولو حقونو لغوه

**4. Konfiskation des Eigentums aller Emigranten und
Rebellen.**

مصادره اموال تمام مهاجرین و شورشیان .

**5. Zentralisierung des Kredits in den Händen des Staates
durch eine Nationalbank mit staatlichem Kapital und
ausschließlichem Monopol.**

تمرکز اعتبار در دست دولت ، از طریق یک بانک ملی با سرمایه
دولتی و انحصار انحصاری .

**6. Zentralisierung der Kommunikations- und
Transportmittel in den Händen des Staates.**

د مخابراتو او ترانسپورت د وسایلو مرکزیت د دولت په لاس کې .

**7. Ausbau der Fabriken und Produktionsmittel im Eigentum
des Staates**

د فابریکو او تولیدی وسایلو پراخول چې د دولت ملکیت دی

**die Kultivierung von Ödland und die Verbesserung des
Bodens überhaupt nach einem gemeinsamen Plan.**

د ویجار څمکو کرلو ته راوړل ، او د خاوري بنه والی په عمومی توګه د
یو ګډ پلان سره سم .

8. Gleiche Haftung aller für die Arbeit

د کار په وراندي د تولو مساوى مسؤليت . ٨

Aufbau von Industriearmeen, vor allem für die
Landwirtschaft.

د صنعتي لښکرو جورول ، په ځانګري توګه د زراعت لپاره.

9. Kombination der Landwirtschaft mit dem verarbeitenden
Gewerbe

د زراعت او توليدى صنايعو تركيب

allmähliche Aufhebung der Unterscheidung zwischen Stadt
und Land durch eine gleichmäßigere Verteilung der
Bevölkerung über das Land.

په تدريجى توګه د ښار او هېواد تر منځ د توپير له منځه ورل ، په هېواد
کي د نفوسو د زياتي مساوى وېش.

10. Kostenlose Bildung für alle Kinder in öffentlichen
Schulen.

په دولتى بنوونخيو کي د تولو ماشومانو لپاره وريا زده کړه .

Abschaffung der Kinderfabrikarbeit in ihrer jetzigen Form

د ماشومانو په فابريکه کي د کار له منځه ورل په اوسنى شکل کي

Kombination von Bildung und industrieller Produktion

د بنووني او روزني او صنعتي توليد تركيب

Wenn im Laufe der Entwicklung die Klassenunterschiede
verschwunden sind

هنګامي که در جريان توسعه ، تفاوت هاى طبقاتى از بين رفته اند

und wenn die ganze Produktion in den Händen einer
ungeheuren Assoziation der ganzen Nation konzentriert ist

او کله چي ټول توليدات د ټول ملت د يوي پراخي ټولني په لاس کي
متمرکز شى

dann verliert die Staatsgewalt ihren politischen Charakter

په دي وخت کي به عامه واک خپل سياسى خصلت له لاسه ورکړى .

Politische Macht, eigentlich so genannt, ist nichts anderes
als die organisierte Macht einer Klasse, um eine andere zu
unterdrücken

قدرت سياسى ، که به درستى به اصطلاح ناميده مى شود ، فقط قدرت
سازمان يافته يک طبقه براى سركوب طبقه ديگر است

Wenn das Proletariat in seinem Kampf mit der Bourgeoisie
durch die Gewalt der Umstände gezwungen ist, sich als
Klasse zu organisieren

اگر پرولتاریا در جریان رقابت با بورژوازی مجبور به سازماندهی خود
به عنوان یک طبقه باشد

wenn sie sich durch eine Revolution zur herrschenden
Klasse macht

اگر با استفاده از یک انقلاب ، خود را به طبقه حاکم تبدیل کند

und als solche fegt sie mit Gewalt die alten
Produktionsbedingungen hinweg

و به این ترتیب ، شرایط قدیمی تولید را به زور جارو می کند

dann wird sie mit diesen Bedingungen auch die
Bedingungen für die Existenz der Klassengegensätze und
der Klassen überhaupt hinweggefegt haben

در این صورت ، همراه با این شرایط ، شرایط وجود تضادهای طبقاتی و
طبقات به طور کلی را از بین خواهد برد

und wird damit seine eigene Vorherrschaft als Klasse
aufgehoben haben.

او په دې توگه به د یوه طبقي په توگه خپل برترۍ له منځه یوسی.

An die Stelle der alten Bourgeoisie Gesellschaft mit ihren
Klassen und Klassengegensätzen treten eine Assoziation

به جای جامعه بورژوازی قدیمی ، با طبقات و تضادهای طبقاتی آن ، ما
باید یک انجمن داشته باشیم

eine Assoziation, in der die freie Entwicklung eines jeden
die Bedingung für die freie Entwicklung aller ist

هغه تولنه چي په هغه کې د هر یوه ازاد پرمختگ شرط د تولو د آزادي
پرمختگ شرط وی

1) Reaktionärer Sozialismus

ارتجاعی سوسیالیزم

a) Feudaler Sozialismus

الف (فیودالی سوسیالیزم)

die Aristokratien Frankreichs und Englands hatten eine einzigartige historische Stellung

د فرانسی او انگلستان اشرافیانو یو ځانگړی تاریخی موقف درلود

es wurde zu ihrer Berufung, Pamphlete gegen die moderne Boureoisie Gesellschaft zu schreiben

این وظیفه آنها شد تا رساله هایی علیه جامعه بورژوازی مدرن بنویسند

In der französischen Revolution vom Juli 1830 und in der englischen Reformagitation

در انقلاب فرانسه در جولای 1830 ، و در تحریک اصلاحات انگلستان

Diese Aristokratien erlagen wieder dem hasserfüllten Emporkömmling

این اشراف دوباره تسلیم نفرت انگیز تازه کار شدند

An eine ernsthafte politische Auseinandersetzung war fortan nicht mehr zu denken

له هغه وروسته ، یوه جدی سیاسی سیالی په بشپره توگه د پوښتنې ور نه وه

Alles, was möglich blieb, war eine literarische Schlacht, keine wirkliche Schlacht

تنها چیزی که ممکن بود ادبی مبارزه بود ، نه یک جنگ واقعی

Aber auch auf dem Gebiet der Literatur waren die alten Schreie der Restaurationszeit unmöglich geworden

اما حتی در حوزه ادبیات ، فریادهای قدیمی دوره ترمیم ناممکن شده بود

Um Sympathie zu erregen, mußte die Aristokratie offenbar ihre eigenen Interessen aus den Augen verlieren

د خواخوږی د راپارولو لپاره ، اشرافیان مجبور وو چی ظاهراً د خپلو گټو ځخه سترگی پټی کړی

und sie waren gezwungen, ihre Anklage gegen die Bourgeoisie im Interesse der ausgebeuteten Arbeiterklasse zu formulieren

و آنها مجبور شدند تا اتهامات خود را علیه بورژوازی به نفع طبقه
کارگر استثمار شده تنظیم کنند

So rächte sich die Aristokratie, indem sie ihren neuen Herrn
verspottete

په دې توګه اشرافیانو خپل انتقام د خپل نوی بادار په سندرو ویلو سره
واخیست

Und sie rächten sich, indem sie ihm unheimliche
Prophezeiungen über die kommende Katastrophe ins Ohr
flüsterten

او د هغه په غوږونو کې یی د راتلونکي فاجعي شوم ورواندوینی په
زمزمه کولو سره خپل انتقام واخیست

So entstand der feudale Sozialismus: halb Klage, halb Spott

به این ترتیب سوسیالیزم فیودالی به وجود آمد: نیم مرثیه ، نیم تمسخر

Es klang halb wie ein Echo der Vergangenheit und
projizierte halb die Bedrohung der Zukunft

دا د تېر وخت د نیمایی انعکاس په خُبر غږېده، او د راتلونکي نیمه ګواښ
یی وراندوینه کړی وه

zuweilen traf sie durch ihre bittere, geistreiche und scharfe
Kritik die Bourgeoisie bis ins Mark

ګاهی اوقات ، با انتقاد تلخ ، شوخ و قاطع ، بورژوازی را تا قلب ضربه
می زد

aber es war immer lächerlich in seiner Wirkung, weil es
völlig unfähig war, den Gang der neueren Geschichte zu
begreifen

اما این همیشه در اثر خود مضحک بود ، از طریق ناتوانی کامل در
درک مارش تاریخ مدرن

Die Aristokratie schwenkte, um das Volk um sich zu
scharen, den proletarischen Almosensack als Banner

اشراف ، برای اینکه مردم را به سمت خود بسیج کنند ، کیسه صدقه
پرولتاریا را در مقابل یک پرچم تکان دادند

Aber das Volk, so oft es sich zu ihnen gesellte, sah auf
seinem Hinterteil die alten Feudalwappen

خو کله چي خلکو له دوی سره یوخای کېده ، په شا یی د فیودال زاړه
نښان ولیدل

Und sie verließen mit lautem und respektlosem Gelächter

او هغوی په لوړ اواز او بی احترامی خندا پرېښنودل

Ein Teil der französischen Legitimisten und des "jungen Englands" zeigte dieses Schauspiel

د فرانسوی لژیتیمیستانو او "خوان انګلستان "یوه برخه دا ننداره ننداري ته وراندي کره

die Feudalisten wiesen darauf hin, dass ihre Ausbeutungsweise eine andere sei als die der Bourgeoisie

فیودالیستانو اشاره وکره چي د هغوی د استثمار طریقه له بورژوازی سره توپیر لري

Die Feudalisten vergessen, dass sie unter ganz anderen Umständen und Bedingungen ausgebeutet haben

فیودالیست ها فراموش می کنند که آنها در شرایط و شرایطی که کاملا متفاوت بودند ، استثمار کردند

Und sie haben nicht bemerkt, dass solche Methoden der Ausbeutung heute veraltet sind

و آنها متوجه نشدند که چنین روش های استثمار اکنون کهنه شده اند

Sie zeigten, dass unter ihrer Herrschaft das moderne Proletariat nie existiert hat

آنها نشان دادند که تحت حاکمیت آنها ، پرولتاریای مدرن هرگز وجود نداشته است

aber sie vergessen, daß die moderne Bourgeoisie der notwendige Sprößling ihrer eigenen Gesellschaftsform ist

اما آنها این را فراموش می کنند که بورژوازی مدرن فرزندان ضروری جامعه خود است

Im übrigen verbergen sie kaum den reaktionären Charakter ihrer Kritik

برای بقیه ، آنها به سختی شخصیت ارتجاعی انتقاد خود را پنهان می کنند

ihre Hauptanklage gegen die Bourgeoisie läuft auf folgendes hinaus

: د بورژوازی په وراندي د هغوی اصلي اتهام په لاندي دول دی

unter dem Boureoisie Regime entwickelt sich eine soziale Klasse

تحت رژیم بورژوازی یک طبقه اجتماعی در حال توسعه است

Diese soziale Klasse ist dazu bestimmt, die alte Gesellschaftsordnung an der Wurzel zu zerschneiden

د دي تولنیز طبقي تقدیر دا دی چي د تولني ز زاره نظم ریښي او ځانګي له منځه یوسی

Womit sie die Bourgeoisie aufpeppen, ist nicht so sehr, dass sie ein Proletariat schafft

چیزی که آنها بورژوازی را با آن سرزنش می کنند آنقدر نیست که پرولتاریا ایجاد کند

womit sie die Bourgeoisie aufpeppen, ist mehr, dass sie ein revolutionäres Proletariat schafft

آنچه که آنها بورژوازی را با آن سرزنش می کنند ، بیشتر از این است که یک پرولتاریای انقلابی ایجاد می کند

In der politischen Praxis beteiligen sie sich daher an allen Zwangsmaßnahmen gegen die Arbeiterklasse

بنابراین ، در عمل سیاسی ، آنها در تمام اقدامات اجباری علیه طبقه کارگر شرکت می کنند

Und im gewöhnlichen Leben bücken sie sich, trotz ihrer hochtrabenden Phrasen, um die goldenen Äpfel aufzuheben, die vom Baum der Industrie fallen gelassen wurden

او په عادی ژوند کې ، د خپلو لوړو جملو سره سره ، هغوی تیتیږی او د صنعت له وني څخه غورځول شوی طلایی مني را پورته کوی

Und sie tauschen Wahrheit, Liebe und Ehre gegen den Handel mit Wolle, Rote-Bete-Zucker und Kartoffelbränden

او هغوی رښتیا ، مینه او درناوی په وریو ، چغندر بوره او د کچالو په ارواح کې د سوداگری په بدل کې تبادله کوی

Wie der Pfarrer immer Hand in Hand mit dem Gutsherrn gegangen ist, so ist es der klerikale Sozialismus mit dem feudalen Sozialismus getan

، همانطور که کشیش همیشه با زمیندار دست در دست رفته است روحانیون سوسیالیزم با سوسیالیزم فیودالی نیز همین کار را کرده است

Nichts ist leichter, als der christlichen Askese einen sozialistischen Anstrich zu geben

هیچ چیز آسان تر از این نیست که به ریاضت مسیحی یک رنگ سوسیالیستی بدهیم

Hat nicht das Christentum gegen das Privateigentum, gegen die Ehe, gegen den Staat deklamiert?

آیا مسیحیت علیه مالکیت خصوصی ، ازدواج ، علیه دولت ادعا نکرده است ؟

Hat das Christentum nicht an die Stelle dieser Nächstenliebe und Armut getreten?

آیا مسیحیت به جای اینها ، صدقه و فقر تبلیغ نکرده است ؟

Predigt das Christentum nicht den Zölibat und die Abtötung des Fleisches, das monastische Leben und die Mutter Kirche?

آیا مسیحیت تجرد و مرگ جسم، رهبانیت زندگی و کلیسای مادر را تبلیغ نمی کند؟

Der christliche Sozialismus ist nur das Weihwasser, mit dem der Priester das Herzbrennen des Aristokraten weiht

مسیحی سوسیالیزم یوازی هغه سپېڅلی اوبه دی چی کشیش د اشراف د زره سوځوني تقدیس کوی

b) Kleinbürgerlicher Sozialismus

ب) (خرده بورژوازى سوسياليزم

Die feudale Aristokratie war nicht die einzige Klasse, die von der Bourgeoisie ruiniert wurde

فيودالى اشرافيت يوازينى طبقه نه وه چى د بورژوازى له خوا تباه شوه

sie war nicht die einzige Klasse, deren Existenzbedingungen in der Atmosphäre der modernen Bourgeoisie Gesellschaft schmachten und zugrunde gingen

اين تنها طبقه اى نبود كه شرايط وجودش در فضاى مدرن بورژوازى جامعه نابود و از بين رفت

Die mittelalterliche Bürgerschaft und die kleinbäuerlichen Eigentümer waren die Vorläufer des modernen Bourgeoisie

د منځنيو پيړيو بورګس او كوچنى دهقانان مالكان د معاصر بورژوازى مخكښنان وو

In den Ländern, die industriell und kommerziell nur wenig entwickelt sind, vegetieren diese beiden Klassen noch Seite an Seite

در آن كشورها كه از نظر صنعتى و تجارى كمى توسعه يافته اند ، اين دو طبقه هنوز هم در كنار هم رشد مى كنند

und in der Zwischenzeit erhebt sich die Bourgeoisie neben ihnen: industriell, kommerziell und politisch

و در عين حال بورژوازى در كنار آنها قيام مى كند: از نظر صنعتى تجارى و سياسى ،

In den Ländern, in denen die moderne Zivilisation voll entwickelt ist, hat sich eine neue Klasse des Kleinbourgeoisie gebildet

در كشورهايى كه تمدن مدرن به طور كامل توسعه يافته است ، يك طبقه جديد از خرده بورژوازى شكل گرفته است

diese neue soziale Klasse schwankt zwischen Proletariat und Bourgeoisie

اين طبقه جديد اجتماعى بين پرولتاريا و بورژوازى در نوسان است

und sie erneuert sich ständig als ergänzender Teil der Bourgeoisie Gesellschaft

او تل د بورژوازى تولنى د يوى تكميلى برخى په توګه خپل ځان تجديد كوى

Die einzelnen Glieder dieser Klasse aber werden
fortwährend in das Proletariat hinabgeschleudert

با این حال ، افراد انفرادی این طبقه دائما به پرولتاریا پرتاب می شوند

sie werden vom Proletariat durch die Einwirkung der
Konkurrenz aufgesaugt

آنها توسط پرولتاریا از طریق رقابت مکیده می شوند

In dem Maße, wie sich die moderne Industrie entwickelt,
sehen sie sogar den Augenblick herannahen, in dem sie als
eigenständiger Teil der modernen Gesellschaft völlig
verschwinden wird

همانطور که صنعت مدرن پیشرفت می کند ، آنها حتی می بینند که لحظه
ای نزدیک می شود که آنها به طور کامل به عنوان یک بخش مستقل از
جامعه مدرن ناپدید می شوند

Sie werden in der Manufaktur, in der Landwirtschaft und
im Handel durch Aufseher, Gerichtsvollzieher und Krämer
ersetzt werden

د هغوی ځای به د تولیداتو ، زراعت او سوداگری په برخه کې د
څارونکو ، وکیلانو او دوکاندارانو لخوا ونیول شی

In Ländern wie Frankreich, wo die Bauern weit mehr als die
Hälfte der Bevölkerung ausmachen

در کشورهایی مانند فرانسه ، جایی که دهقانان بیش از نیمی از جمعیت
را تشکیل می دهند

es war natürlich, dass es Schriftsteller gab, die sich auf die
Seite des Proletariats gegen die Bourgeoisie stellten

طبیعی بود که نویسندگانی وجود دارند که در مقابل بورژوازی در کنار
پرولتاریا قرار گرفتند

in ihrer Kritik am Bourgeoisie Regime benutzten sie den
Maßstab des Bauern- und Kleinbourgeoisie

آنها در انتقاد خود از رژیم بورژوازی از معیار دهقان و خرده
بورژوازی استفاده کردند

Und vom Standpunkt dieser Zwischenklassen aus ergreifen
sie die Keule für die Arbeiterklasse

و از نقطه نظر این طبقات متوسط ، آنها برای طبقه کارگر چماق را به
دست می گیرند

So entstand der Kleinbourgeoisie Sozialismus, dessen
Haupt Sismondi nicht nur in Frankreich, sondern auch in
England war

په دي توګه کوچنی بورژوازی سوسیالیزم رامنځ ته شو ، چی سیسموندی
نه یوازی په فرانسه کی بلکی په انګلستان کی هم د دي مکتب مشر و

Diese Schule des Sozialismus sezierte mit großer Schärfe die
Widersprüche in den Bedingungen der modernen
Produktion

این مکتب سوسیالیزم با شدت تضادهای شرایط تولید مدرن را تشریح کرد

Diese Schule entlarvte die heuchlerischen
Entschuldigungen der Ökonomen

دی مکتب د اقتصاد پوهانو ریاکارانه بخښنه بربنده کړه

Diese Schule bewies unwiderlegbar die verheerenden
Auswirkungen der Maschinerie und der Arbeitsteilung

این مکتب ، بدون شک ، اثرات فاجعه آمیز ماشین آلات و تقسیم کار را
ثابت کرد

Es bewies die Konzentration von Kapital und Grund und
Boden in wenigen Händen

دا ثابته کړه چی د پانګی او ځمکی تمرکز په څو لاسونو کی دی

sie bewies, wie Überproduktion zu Bourgeoisie-Krisen führt

این ثابت کرد که چگونه تولید بیش از حد منجر به بحران بورژوازی می
شود

sie wies auf den unvermeidlichen Ruin des
Kleinbourgeoisie' und der Bauern hin

این به نابودی اجتناب ناپذیر خرده بورژوازی و دهقانان اشاره می کرد

das Elend des Proletariats, die Anarchie in der Produktion,
die schreiende Ungleichheit in der Verteilung des
Reichtums

بدبختی پرولتاریا ، هرج و مرج در تولید ، نابرابری های فریاد در
توزیع ثروت

Er zeigte, wie das Produktionssystem den industriellen
Vernichtungskrieg zwischen den Nationen führt

دا وښودله چی څنګه د تولید سیستم د ملتونو تر منځ د نابودی صنعتی
جنګ رهبری کوی

die Auflösung der alten sittlichen Bande, der alten
Familienverhältnisse, der alten Nationalitäten

انحلال پیوندهای اخلاقی قدیمی ، روابط خانوادگی قدیمی ، ملیت های
قدیمی

In ihren positiven Zielen strebt diese Form des Sozialismus
jedoch eines von zwei Dingen an

با این حال ، در اهداف مثبت خود ، این شکل از سوسیالیزم آرزو دارد
که یکی از دو چیز را بدست آورد

Entweder zielt sie darauf ab, die alten Produktions- und
Tauschmittel wiederherzustellen

یا هم هدف یی د تولید او تبادلی زاره وسایل دی

und mit den alten Produktionsmitteln würde sie die alten
Eigentumsverhältnisse und die alte Gesellschaft
wiederherstellen

و با استفاده از وسایل تولید قدیمی ، روابط مالکیت قدیمی و جامعه قدیمی
را احیا می کند

oder sie zielt darauf ab, die modernen Produktions- und
Austauschmittel in den alten Rahmen der
Eigentumsverhältnisse zu zwängen

یا هدف آن این است که وسایل تولید و مبادله مدرن را در چارچوب
قدیمی روابط مالکیت محدود کند

In beiden Fällen ist es sowohl reaktionär als auch utopisch

در هر صورت ، هم ارتجاعی و هم اتوپیایی است

Seine letzten Worte lauten: Korporativzünfte für die
Manufaktur, patriarchalische Verhältnisse in der
Landwirtschaft

آخرین کلمات آن عبارتند از :انجمن های شرکتی برای تولید ، روابط
پدرسالارانه در زراعت

Schließlich, als hartnäckige historische Tatsachen alle
berauschenden Wirkungen der Selbsttäuschung zerstreut
hatten,

در نهایت ، زمانی که سرسخت تاریخی حقایق تمام اثرات مست کننده
خود فریبی را تیت و پرک کرده بود

diese Form des Sozialismus endete in einem elenden Anfall
von Mitleid

این شکل از سوسیالیزم در یک بدبختی ترحم به پایان رسید

c) Deutscher oder "wahrer" Sozialismus

ج (آلمانی ، یا "حقیقی "، سوسیالیزم

Die sozialistische und kommunistische Literatur
Frankreichs entstand unter dem Druck einer herrschenden
Bourgeoisie

ادبیات سوسیالیستی و کمونیستی فرانسه تحت فشار بورژوازی در قدرت
سرچشمه گرفت

Und diese Literatur war der Ausdruck des Kampfes gegen
diese Macht

. او دغه ادب د دي قدرت په وراندي د مبارزي ځرګندونه وه

sie wurde in Deutschland zu einer Zeit eingeführt, als die
Bourgeoisie gerade ihren Kampf mit dem feudalen
Absolutismus begonnen hatte

این کشور در زمانی به آلمان معرفی شد که بورژوازی تازه رقابت خود
را با استبداد فیودالی آغاز کرده بود

Deutsche Philosophen, Möchtegern-Philosophen und Beaux
Esprits griffen begierig zu dieser Literatur

آلمانی فیلسوفان ، فیلسوفان احتمالی ، و زیبایی ها ، با اشتیاق این ادبیات
را به دست آوردند

aber sie vergaßen, daß die Schriften aus Frankreich nach
Deutschland einwanderten, ohne die französischen
Gesellschaftsverhältnisse mitzubringen

خو هغوی دا هیر کرل چی لیکنی له فرانسي ځخه آلمان ته مهاجر شوی
دی ، پرته له دي چی د فرانسي تولنیز شرایط له ځان سره راوری

Im Kontakt mit den deutschen gesellschaftlichen
Verhältnissen verlor diese französische Literatur ihre
unmittelbare praktische Bedeutung

در تماس با شرایط اجتماعی آلمان ، این ادبیات فرانسوی تمام اهمیت
عملی خود را از دست داد

und die kommunistische Literatur Frankreichs nahm in
deutschen akademischen Kreisen einen rein literarischen
Aspekt an

و ادبیات کمونیستی فرانسه در محافل علمی آلمان یک جنبه خالص ادبی
به خود گرفت

So waren die Forderungen der ersten Französischen Revolution nichts anderes als die Forderungen der "praktischen Vernunft"

بنابراین ، خواسته های انقلاب اول فرانسه چیزی بیش از خواسته های عقل عملی "نبود"

und die Willensäußerung der revolutionären französischen Bourgeoisie bedeutete in ihren Augen das Gesetz des reinen Willens

او د فرانسي انقلابي بورژوازي د ارادي بيان د هغوی په سترګو کې د خالص ارادي قانون دلالت کاوه

es bedeutete den Willen, wie er sein mußte; des wahren menschlichen Willens überhaupt

دا د ارادي دلالت کوی لکه څنګه چي بايد وی ، په عمومی توګه د حقيقی انسانی ارادي

Die Welt der deutschen Literaten bestand einzig und allein darin, die neuen französischen Ideen mit ihrem alten philosophischen Gewissen in Einklang zu bringen

جهان ادبيات آلمانی تنها شامل آوردن ايده های جديد فرانسوی با وجدان قديمی فلسفی آنها بود

oder vielmehr, sie annektierten die französischen Ideen, ohne ihren eigenen philosophischen Standpunkt aufzugeben

يا بهتر است بگوييم ، آنها ايده های فرانسوی را بدون ترک ديدگاه فلسفی خود ضميمه کردند

Diese Annexion vollzog sich auf die gleiche Weise, wie man sich eine Fremdsprache aneignet, nämlich durch Übersetzung

اين الحاق به همان شيوه صورت گرفت که در آن يک زبان خارجی اختصاص داده می شود ، يعنی از طريق ترجمه

Es ist bekannt, wie die Mönche alberne Leben katholischer Heiliger über Manuskripte schrieben

دا مشهوره ده چی راهبانو څنګه د کاتوليک مقدسينو احمقانه ژوند د نسخو په اړه ليکلی

die Manuskripte, auf denen die klassischen Werke des antiken Heidentums geschrieben waren

هغه نسخي چي د لرغونی کافرانو کلاسيکي کارونه پري ليکل شوی وو

Die deutschen Literaten kehrten diesen Prozess mit der profanen französischen Literatur um

آلمانی ادبیات این روند را با ادبیات ناپاک فرانسوی معکوس کرد

Sie schrieben ihren philosophischen Unsinn unter das französische Original

آنها مزخرفات فلسفی خود را زیر اصل فرانسوی نوشتند

Zum Beispiel schrieben sie unter der französischen Kritik an den ökonomischen Funktionen des Geldes "Entfremdung der Menschheit"

به عنوان مثال ، در زیر انتقاد فرانسوی از وظایف اقتصادی پول ، آنها نوشتند "بیگانگی بشریت "

unter die französische Kritik am Bourgeoisie Staat schrieben sie "Entthronung der Kategorie des Generals"

در زیر انتقاد فرانسوی از دولت بورژوازی ، آنها نوشتند "خلع طبقه بندی جنرال "

Die Einführung dieser philosophischen Phrasen hinter der französischen Geschichtskritik nannten sie:

مقدمه این عبارات فلسفی در پشت انتقادات تاریخی فرانسه آنها نامیده اند:

"Philosophie des Handelns", "Wahrer Sozialismus", "Deutsche Sozialismuswissenschaft", "Philosophische Grundlagen des Sozialismus" und so weiter

فلسفه عمل "، "سوسیالیزم واقعی "، "علم سوسیالیزم آلمانی "، "بنیاد" فلسفی سوسیالیسم "و غیره

Die französische sozialistische und kommunistische Literatur wurde damit völlig entmannt

په دی توګه د فرانسي سوسیالیستي او کمونیستی ادبیات په بشپړه توګه کمزوری شو

in den Händen der deutschen Philosophen hörte sie auf, den Kampf der einen Klasse mit der anderen auszudrücken

در دست فیلسوفان آلمانی ، از بیان مبارزه یک طبقه با طبقه دیگر دست کشید

und so fühlten sich die deutschen Philosophen bewußt, die "französische Einseitigkeit" überwunden zu haben

و بنابراین فیلسوفان آلمانی احساس می کردند که بر "یک طرفه فرانسوی "غلبه کرده اند

Sie musste keine wahren Forderungen repräsentieren, sondern sie repräsentierte Forderungen der Wahrheit

لازم نبود که تقاضاهای واقعی را نمایندگی کند ، بلکه ، این تقاضاهای حقیقت را نمایندگی می کرد

es gab kein Interesse am Proletariat, sondern an der menschlichen Natur

پرولتاریا علاقه ای به پرولتاریا وجود نداشت ، بلکه علاقه به طبیعت انسانی وجود داشت

das Interesse galt dem Menschen überhaupt, der keiner Klasse angehört und keine Wirklichkeit hat

علاقه به انسان به طور کلی بود ، که به هیچ طبقه ای تعلق ندارد و هیچ واقعیت ندارد

ein Mann, der nur im nebligen Reich der philosophischen Fantasie existiert

یو سری چی یوازی د فلسفی خیالی په مه آلود قلمرو کی وجود لری

aber schließlich verlor auch dieser deutsche Schulsozialismus seine pedantische Unschuld

اما بالاخره این دانش آموز آلمانی سوسیالیزم نیز معصومیت خود را از دست داد

die deutsche Bourgeoisie und besonders die preußische Bourgeoisie kämpfte gegen die feudale Aristokratie

بورژوازی آلمان ، و به ویژه بورژوازی پروس علیه اشرافیت فیودالی مبارزه کردند

auch die absolute Monarchie Deutschlands und Preußens wurde bekämpft

سلطنت مطلقه آلمان و پروس نیز علیه آن مبارزه می کرد

Und im Gegenzug wurde auch die Literatur der liberalen Bewegung ernster

و به نوبه خود ، ادبیات جنبش لیبرال نیز جدی تر شد

Deutschlands lang ersehnte Chance auf einen "wahren" Sozialismus wurde geboten

فرصت آلمان برای سوسیالیسم "واقعی"ارائه شد

die Möglichkeit, die politische Bewegung mit den sozialistischen Forderungen zu konfrontieren

فرصت مقابله با جنبش سیاسی با خواسته های سوسیالیستی

die Gelegenheit, die traditionellen Bannsprüche gegen den
Liberalismus zu schleudern

فرصت برای پرتاب عنعنات سنتی علیه لیبرالیزم

die Möglichkeit, die repräsentative Regierung und die
Bourgeoisie Konkurrenz anzugreifen

فرصت حمله به نماینده دولت و رقابت بورژوازی

Pressefreiheit der Bourgeoisie, Bourgeoisie Gesetzgebung,
Bourgeoisie Freiheit und Gleichheit

بورژوازی آزادی مطبوعات ، بورژوازی قانون گذاری ، بورژوازی
آزادی و برابری

All dies könnte nun in der realen Welt kritisiert werden,
anstatt in der Fantasie

دا ټول اوس کیدای شی په حقیقی نړی کی نقد شی، نه په خیالی

Feudalaristokratie und absolute Monarchie hatten den
Massen lange gepredigt

فیودالی اشرافیت او مطلقه سلطنت له اوږدی مودی راهیسي خلکو ته
موعظه کړي وه

"Der Arbeiter hat nichts zu verlieren und er hat alles zu
gewinnen"

کارګر د لاسه ورکولو لپاره څه نه لری ، او هغه هر څه لری چي"
"ترلاسه یي کړی

auch die Bourgeoisie bewegung bot eine Chance, sich mit
diesen Plattitüden auseinanderzusetzen

جنبش بورژوازی نیز یک فرصت برای مقابله با این مبتذل ها را فراهم
کرد

die französische Kritik setzte die Existenz der modernen
Bourgeoisie Gesellschaft voraus

انتقاد فرانسوی وجود جامعه مدرن بورژوازی را از پیش فرض می کرد

Bourgeoisie, ökonomische Existenzbedingungen und
Bourgeoisie politische Verfassung

د بورژوازی اقتصادی شرایط او بورژوازی سیاسی اساسی قانون

gerade die Dinge, deren Errungenschaft Gegenstand des in
Deutschland anstehenden Kampfes war

همان چیز هایی که دستیابی به آنها هدف مبارزه در آلمان بود

Deutschlands albernes Echo des Sozialismus hat diese Ziele
gerade noch rechtzeitig aufgegeben

انعکاس احمقانه سوسیالیزم آلمان این اهداف را در زمان مناسب رها کرد

Die absoluten Regierungen hatten ihre Gefolgschaft aus
Pfarrern, Professoren, Landjunkern und Beamten

مطلق حکومتونه د کشیشانو ، پروفیسورانو ، د هېواد د مقاماتو او
چارواکو پیروان درلودل

die damalige Regierung begegnete den deutschen
Arbeiteraufständen mit Auspeitschungen und Kugeln

دولت وقت با شورش های طبقه کارگر آلمان با شلاق و مرمی روبرو شد

ihnen diente dieser Sozialismus als willkommene
Vogelscheuche gegen die drohende Bourgeoisie

برای آنها این سوسیالیزم به عنوان یک مترسک خوشایند علیه
بورژوازی تهدید کننده خدمت کرد

und die deutsche Regierung konnte nach den bitteren
Pillen, die sie austeilte, ein süßes Dessert anbieten

و دولت آلمان توانست بعد از قرص های تلخ که توزیع می کرد ، یک
شیرینی شیرین ارائه کند

dieser "wahre" Sozialismus diente also den Regierungen als
Waffe im Kampf gegen die deutsche Bourgeoisie

به این ترتیب این سوسیالیسم "واقعی "به عنوان سلاحی برای مبارزه با
بورژوازی آلمان به دولت ها خدمت کرد

und gleichzeitig repräsentierte sie direkt ein reaktionäres
Interesse; die der deutschen Philister

او په عین حال کې یې نبغ په نبغه د ارتجاعی ګټو استازیتوب کاوه .د
جرمنی فلسطینیانو

In Deutschland ist das Kleinbourgeoisie die wirkliche
gesellschaftliche Grundlage des bestehenden Zustandes

در آلمان طبقه خرده بورژوازی اساس واقعی وضعیت موجود است

Ein Relikt des sechzehnten Jahrhunderts, das immer wieder
in verschiedenen Formen auftaucht

د شپارسمي پېړۍ یادگار چي په دوامداره توګه په مختلفو بنو کي رامنځته
کېږی

Diese Klasse zu bewahren bedeutet, den bestehenden
Zustand in Deutschland zu bewahren

حفظ این طبقه به معنای حفظ وضعیت موجود در آلمان است

Die industrielle und politische Vorherrschaft der
Bourgeoisie bedroht das KleinBourgeoisie mit der sicheren
Vernichtung

برتری صنعتی و سیاسی بورژوازی خرده بورژوازی را با نابودی
قطعی تهدید می کند

auf der einen Seite droht sie das Kleinbourgeoisiedurch die
Konzentration des Kapitals zu vernichten

از یک طرف تهدید می کند که خرده بورژوازی را از طریق تمرکز
سرمایه نابود خواهد کرد

auf der anderen Seite droht die Bourgeoisie, sie durch den
Aufstieg eines revolutionären Proletariats zu zerstören

از سوی دیگر ، بورژوازی تهدید می کند که از طریق ظهور یک
پرولتاریای انقلابی ، آن را نابود خواهد کرد

Der "wahre" Sozialismus schien diese beiden Fliegen mit
einer Klappe zu schlagen. Es breitete sich wie eine Epidemie
aus

به نظر می رسید که سوسیالیزم "واقعی "این دو مرغ را با یک تیره می
کشد .دا د اپیدمی په خیر خیره شوه

Das Gewand spekulativer Spinnweben, bestickt mit Blumen
der Rhetorik, durchtränkt vom Tau kränklicher Gefühle

، د قیاس لرونکو جالونو چینه ، چی د بلاغت په گلونو گلدوزی شوی وه
د ناروغ احساساتو په شبنم کی دوب شوی و

dieses transzendentale Gewand, in das die deutschen
Sozialisten ihre traurigen "ewigen Wahrheiten" hüllten

این ردای ماورایی که در آن سوسیالیستهای آلمان "حقایق ابدی "تاسف
بار خود را در آن پیچیده بودند

alle Haut und Knochen, dienten dazu, den Absatz ihrer
Waren bei einem solchen Publikum wunderbar zu
vermehren.

تول پوستکی او هدوکی ، په حیرانوونکی دول د خپلو مالونو خرڅلاو په
داسی خلکو کی زیات کړی

Und der deutsche Sozialismus seinerseits erkannte mehr
und mehr seine eigene Berufung

و از طرف خود ، سوسیالیسم آلمان ، بیشتر و بیشتر ، خواست خود را به
رسمیت شناخت

sie war berufen, die bombastische Vertreterin des
Kleinbourgeoisie Philisters zu sein

به آن بلل می شد تا نماینده بمب افکن فلسطینیان خرده بورژوازی باشد

Sie proklamierte die deutsche Nation als Musternation und
den deutschen Kleinphilister als Mustermann

این ملت آلمان را به عنوان یک ملت نمونه اعلام کرد ، و آلمانی کوچک
فلسطینی نمونه مرد

Jeder schurkischen Gemeinheit dieses Mustermenschen gab
sie eine verborgene, höhere, sozialistische Deutung

د دی مادل سری هر شرارت ته یی یو پت ، لور ، سوسیالیستی تفسیر
ورکز

diese höhere, sozialistische Deutung war das genaue
Gegenteil ihres wirklichen Charakters

این تفسیر عالی سوسیالیستی دقیقا بر عکس خصلت اصلی آن بود

Sie ging so weit, sich der "brutal destruktiven" Tendenz des
Kommunismus direkt entgegenzustellen

"این امر تا حد زیادی پیش رفت که مستقیما با تمایل "وحشیانه مخرب
کمونیزم مخالفت کرد

und sie proklamierte ihre höchste und unparteiische
Verachtung aller Klassenkämpfe

و اعلام کرد که تمام مبارزات طبقاتی بسیار بی طرفانه و بی طرفانه است

Mit sehr wenigen Ausnahmen gehören alle sogenannten
sozialistischen und kommunistischen Publikationen, die
jetzt (1847) in Deutschland zirkulieren, in den Bereich dieser
üblen und entnervenden Literatur

به استثنای بسیار کمی ، تمام نشریات به اصطلاح سوسیالیستی و
کمونیستی که اکنون (١٨٤٧) در آلمان به دست می آیند ، در حوزه این
ادبیات کثیف و تضعیف کننده قرار دارند

2) Konservativer Sozialismus oder bürgerlicher Sozialismus

محافظه کار سوسیالیزم ، یا بورژوازی سوسیالیزم

Ein Teil der Bourgeoisie will soziale Missstände beseitigen

د بورژوازی یوه برخه غواړی تولنیز نارضایتی حل کړی

um den Fortbestand der Bourgeoisie Gesellschaft zu sichern

د دی لپاره چی د بورژوازی تولنی دوامداره موجودیت تضمین شی

Zu dieser Sektion gehören Ökonomen, Philanthropen, Menschenfreunde

په دی برخه کی اقتصاد پوهان ، بشردوستانه ، بشردوستانه کارپوهان شامل دی

Verbesserer der Lage der Arbeiterklasse und Organisatoren der Wohltätigkeit

د کارکر طبقی د حالت ښه کوونکی او د خیریه چارو تنظیموونکی

Mitglieder von Gesellschaften zur Verhütung von Tierquälerei

د حیواناتو سره د ظلم د مخنیوی د تولنو غړی

Mäßigkeitsfanatiker, Loch-und-Ecken-Reformer aller erdenklichen Art

متعصبین اعتدال ، هر نوع اصلاح طلبان از هر نوع قابل تصور

Diese Form des Sozialismus ist überdies zu vollständigen Systemen ausgearbeitet worden

علاوه بر این ، این شکل از سوسیالیزم به سیستم های کامل تبدیل شده است

Als Beispiel für diese Form sei Proudhons "Philosophie de la Misère" angeführt

مورد کولای شو د پرودون "فلسفه د لا میسر "د دی بنی د مثال په توگه راوړو

Die sozialistische Bourgeoisie will alle Vorteile der modernen gesellschaftlichen Verhältnisse

سوسیالیست بورژوازی می خواهد تمام مزایای شرایط مدرن اجتماعی را بدست آورد

aber die sozialistische Bourgeoisie will nicht unbedingt die daraus resultierenden Kämpfe und Gefahren

اما سوسیالیست بورژوازی ضرورتا نمی خواهد که مبارزات و خطرات ناشی از آن را داشته باشد

Sie wollen den bestehenden Zustand der Gesellschaft, abzüglich ihrer revolutionären und zerfallenden Elemente

آنها خواهان وضعیت موجود جامعه هستند ، منهای عناصر انقلابی و تجزیه شده آن

mit anderen Worten, sie wünschen sich eine Bourgeoisie ohne Proletariat

به عبارت دیگر ، آنها آرزوی بورژوازی بدون پرولتاریا را دارند

Die Bourgeoisie begreift natürlich die Welt, in der sie die höchste ist, die Beste zu sein

بورژوازی به طبیعی توگه هغه نړی تصور کوی چی په هغه کی غوره دی

und der Bourgeoisie Sozialismus entwickelt diese bequeme Auffassung zu verschiedenen mehr oder weniger vollständigen Systemen

و بورژوازی سوسیالیزم این مفهوم راحت را در سیستم های مختلف کم و بیش کامل توسعه می دهد

sie wünschen sich sehr, dass das Proletariat geradewegs in das soziale Neue Jerusalem marschiert

آنها بسیار دوست دارند که پرولتاریا مستقیما به سوی اورشلیم جدید اجتماعی حرکت کند

Aber in Wirklichkeit verlangt sie, dass das Proletariat innerhalb der Grenzen der bestehenden Gesellschaft bleibt

اما در واقعیت این امر مستلزم آن است که پرولتاریا در محدوده جامعه موجود باقی بماند

sie fordern das Proletariat auf, alle seine hasserfüllten Ideen über die Bourgeoisie abzulegen

آنها از پرولتاریا می خواهند که تمام عقاید نفرت انگیز خود را در مورد بورژوازی کنار بگذارد

es gibt eine zweite, praktischere, aber weniger systematische Form dieses Sozialismus

یک شکل دوم بیشتر عملی ، اما کمتر سیستماتیک ، از این سوسیالیزم وجود دارد

Diese Form des Sozialismus versuchte, jede revolutionäre Bewegung in den Augen der Arbeiterklasse abzuwerten

این شکل از سوسیالیزم تلاش می کرد تا هر جنبش انقلابی را در نظر طبقه کارگر کم ارزش کند

Sie argumentieren, dass keine bloße politische Reform für
sie von Vorteil sein könnte

دوی استدلال کوی چي یوازي سیاسي اصلاحات به دوی ته ګټه نه وی

nur eine Veränderung der materiellen Existenzbedingungen
in den wirtschaftlichen Beziehungen ist von Nutzen

یوازي په اقتصادی اړیکو کي د موجودیت په مادی شرایطو کي بدلون
ګټور دی

Wie der Kommunismus tritt auch diese Form des
Sozialismus für eine Veränderung der materiellen
Existenzbedingungen ein

د کمونیزم په څیر ، د سوسیالیزم دا شکل د وجود په مادی شرایطو کي د
بدلون پلوی کوی

Diese Form des Sozialismus bedeutet jedoch keineswegs,
dass die Bourgeoisie Produktionsverhältnisse abgeschafft
werden

با این حال ، این شکل از سوسیالیزم به هیچ وجه به معنای لغو روابط
تولیدی بورژوازی نیست

die Abschaffung der Bourgeoisie Produktionsverhältnisse
kann nur durch eine Revolution erreicht werden

از بین بردن روابط تولیدی بورژوازی تنها از طریق انقلاب امکان پذیر
است

Doch statt einer Revolution schlägt diese Form des
Sozialismus Verwaltungsreformen vor

اما به جای انقلاب ، این شکل از سوسیالیزم ، اصلاحات اداری را
پیشنهاد می کند

und diese Verwaltungsreformen würden auf dem
Fortbestand dieser Beziehungen beruhen

. او دا اداری اصلاحات به د دي اړیکو د دوام پر بنسټ وی

Reformen, die in keiner Weise die Beziehungen zwischen
Kapital und Arbeit berühren

بنابراین ، اصلاحات که به هیچ وجه بر روابط بین سرمایه و کار تأثیر
نمی گذارد

im besten Fall verringern solche Reformen die Kosten und
vereinfachen die Verwaltungsarbeit der Bourgeoisie
Regierung

در بهترین حالت ، چنین اصلاحات هزینه را کاهش می دهد و کار اداری
دولت بورژوازی را ساده می کند

**Der Bourgeoisie Sozialismus kommt dann und nur dann
adäquat zum Ausdruck, wenn er zur bloßen Redewendung
wird**

بورژوایی سوسیالیزم هغه وخت کافی بیان ترلاسه کوی ، کله چي او
یوازي هغه وخت چي یوازي د وینا شکل شی

Freihandel: zum Wohle der Arbeiterklasse

تجارت آزاد :برای منافع طبقه کارگر

Schutzpflichten: zum Wohle der Arbeiterklasse

حفاظتی دندي :د کارگر طبقي د گټي لپاره

Gefängnisreform: zum Wohle der Arbeiterklasse

د زندانونو اصلاحات :د کارگر طبقي د گټي لپاره

**Das ist das letzte Wort und das einzig ernst gemeinte Wort
des Bourgeoisie Sozialismus**

این آخرین کلمه و تنها کلمه جدی بورژوازی سوسیالیزم است

**Sie ist in dem Satz zusammengefasst: Die Bourgeoisie ist
eine Bourgeoisie zum Wohle der Arbeiterklasse**

این عبارت در این جمله خلاصه می شود :بورژوازی یک بورژوازی
است که به نفع طبقه کارگر است

3) Kritisch-utopischer Sozialismus und Kommunismus
انتقادی یوتوپیایی سوسیالیزم و کمونیزم

Wir beziehen uns hier nicht auf jene Literatur, die den
Forderungen des Proletariats immer eine Stimme gegeben
hat
ما در اینجا به آن ادبیات اشاره نمی کنیم که همیشه به خواسته های
پرولتاریا آواز داده است

dies war in jeder großen modernen Revolution vorhanden,
wie z. B. in den Schriften von Babeuf und anderen
این در هر انقلاب بزرگ مدرن وجود داشته است ، مانند نوشته های
بابوف و دیگران

Die ersten unmittelbaren Versuche des Proletariats, seine
eigenen Ziele zu erreichen, scheiterten notwendigerweise
اولین تلاش های مستقیم پرولتاریا برای رسیدن به اهداف خود لزوما
ناکام ماند

Diese Versuche wurden in Zeiten allgemeiner Aufregung
unternommen, als die feudale Gesellschaft gestürzt wurde
این تلاش ها در زمان هیجان جهانی انجام شد ، زمانی که جامعه فیودالی
سرنگون می شد

Der damals noch unterentwickelte Zustand des Proletariats
führte zum Scheitern dieser Versuche
دولت توسعه نیافته پرولتاریا در آن زمان منجر به ناکامی این تلاش ها شد

und sie scheiterten am Fehlen der wirtschaftlichen
Voraussetzungen für ihre Emanzipation
و به دلیل نبود شرایط اقتصادی برای آن آزادی آن ناکام ماندند

Bedingungen, die erst noch geschaffen werden mussten und
die durch die bevorstehende Epoche der Bourgeoisie allein
hervorgebracht werden konnten
شرایطی که هنوز به وجود نیامده بود ، و می توانست تنها توسط دوره
نزدیک بورژوازی ایجاد شود

Die revolutionäre Literatur, die diese ersten Bewegungen
des Proletariats begleitete, hatte notwendigerweise einen
reaktionären Charakter
انقلابی ادبیات که با این اولین جنبش های پرولتاریا همراه بود ، ضرورتا
دارای خصلت ارتجاعی بود

Diese Literatur schärfte universelle Askese und soziale Nivellierung in ihrer gröbsten Form ein

دي ادب نړيوال زهد او تولنيز سطح په خام ترين شکل کې تلقين کړ

Die sozialistischen und kommunistischen Systeme, die man eigentlich so nennt, entstehen in der frühen unentwickelten Periode

سیستم های سوسیالیستی و کمونیستی ، که به درستی به اصطلاح نامیده می شوند ، در اوایل دوره توسعه نیافته به وجود آمده اند

Saint-Simon, Fourier, Owen und andere beschrieben den Kampf zwischen Proletariat und Bourgeoisie (siehe Abschnitt 1)

سنت سیمون ، فوریه ، اوون و دیگران ، کشمکش بین پرولتاریا و بورژوازی را توصیف کردند)بخش اول را ببینید (

Die Begründer dieser Systeme sehen in der Tat die Klassengegensätze

بنستگران این سیستم ها ، در واقع ، تضادهای طبقاتی را می بینند

Sie sehen auch das Wirken der sich zersetzenden Elemente in der herrschenden Gesellschaftsform

آنها همچنین عمل عناصر تجزیه کننده را در شکل غالب جامعه می بینند

Aber das Proletariat, das noch in den Kinderschuhen steckt, bietet ihnen das Schauspiel einer Klasse ohne jede historische Initiative

اما پرولتاریا ، که هنوز در مراحل ابتدایی خود است ، آنها را به یک طبقه بدون ابتکار تاریخی ارائه می دهد

Sie sehen das Schauspiel einer sozialen Klasse ohne unabhängige politische Bewegung

هغوی د یوې تولنیزي طبقي نندارہ وینی چی کوم خپلواک سیاسی حرکت نه لری

Die Entwicklung des Klassengegensatzes hält mit der Entwicklung der Industrie Schritt

د طبقاتی تضاد پراختیا د صنعت د پرمختگ سره همغږی ساتی

Die ökonomische Lage bietet ihnen also noch nicht die materiellen Bedingungen für die Befreiung des Proletariats

بنابراین وضعیت اقتصادی هنوز شرایط مادی را برای آزادی پرولتاریا فراهم نمی کند ،

Sie suchen also nach einer neuen Sozialwissenschaft, nach neuen sozialen Gesetzen, die diese Bedingungen schaffen sollen

بنابراین آنها به دنبال یک علم اجتماعی جدید ، به دنبال قوانین جدید اجتماعی هستند ، که این شرایط را ایجاد می کنند

historisches Handeln besteht darin, sich ihrem persönlichen erfinderischen Handeln zu beugen

تاریخی عمل دا دی چی خپل شخصی اختراعی عمل ته تسلیم شی

Historisch geschaffene Emanzipationsbedingungen sollen phantastischen Verhältnissen weichen

شرایط تاریخی ایجاد شده برای آزادی باید به شرایط خیالی تسلیم شود

und die allmähliche, spontane Klassenorganisation des Proletariats soll der Organisation der Gesellschaft weichen

و تدریجی ، خود به خودی طبقاتی سازمان پرولتاریا ، تسلیم شدن به سازمان جامعه است

die Organisation der Gesellschaft, die von diesen Erfindern eigens ersonnen wurde

سازمان جامعه به طور خاص توسط این مخترعان ساخته شده است

Die zukünftige Geschichte löst sich in ihren Augen in die Propaganda und die praktische Durchführung ihrer sozialen Pläne auf

تاریخ آینده ، از نظر آنها ، خود را در تبلیغات و عملی اجرای برنامه های اجتماعی خود حل می کند

Bei der Ausarbeitung ihrer Pläne sind sie sich bewußt, daß sie sich in erster Linie um die Interessen der Arbeiterklasse kümmern

در شکل گیری برنامه های خود ، آنها آگاه هستند که عمدتا به منافع طبقه کارگر توجه می کنند

Nur unter dem Gesichtspunkt, die leidendste Klasse zu sein, existiert das Proletariat für sie

تنها از نقطه نظر اینکه بیشترین طبقه رنج کشیده است ، پرولتاریا برای آنها وجود دارد

Der unentwickelte Zustand des Klassenkampfes und ihre eigene Umgebung prägen ihre Meinungen

وضعیت توسعه نیافته طبقاتی مبارزه و محیط اطراف آنها نظریات آنها را آگاه می کند

Sozialisten dieser Art halten sich allen Klassengegensätzen
weit überlegen

این نوع سوسیالیست ها خود را بسیار برتر از تمام تضادهای طبقاتی می
دانند

Sie wollen die Lage jedes Mitglieds der Gesellschaft
verbessern, auch die der Begünstigten

دوی غواړی چی د تولنې د هر غړی حالت ښه کړی ، حتی د غوره
کسانو حالت هم ښه کړی

Daher appellieren sie gewöhnlich an die Gesellschaft als
Ganzes, ohne Unterschied der Klasse

له دې امله ، دوی په عادی توګه د طبقاتی تبعیض پرته په پراخه توګه
تولنې ته مراجعه کوی

Ja, sie appellieren an die Gesellschaft als Ganzes, indem sie
die herrschende Klasse bevorzugen

بلکه آنها به طور کلی به جامعه متوسل می شوند و طبقه حاکمه را
ترجیح می دهند

Für sie ist alles, was es braucht, dass andere ihr System
verstehen

برای آنها ، تمام چیزی که لازم است این است که دیگران سیستم خود را
درک کنند

Denn wie können die Menschen nicht erkennen, dass der
bestmögliche Plan für den bestmöglichen Zustand der
Gesellschaft ist?

زیرا چگونه ممکن است مردم نتوانند ببینند که بهترین برنامه ممکن
برای بهترین حالت ممکن جامعه است ؟

Daher lehnen sie jede politische und vor allem jede
revolutionäre Aktion ab

از این رو ، آنها تمام اقدامات سیاسی ، و به ویژه انقلابی را رد می کنند

Sie wollen ihre Ziele mit friedlichen Mitteln erreichen

دوی غواړی چی په سوله ایزه لارو خپلو اهدافو ته ورسېږی

Sie bemühen sich durch kleine Experimente, die
notwendigerweise zum Scheitern verurteilt sind

دوی هڅه کوی ، د وړو تجربو له لاری ، چی په حتمی توګه د ناکامی
محکوم دی

und durch die Kraft des Beispiels versuchen sie, den Weg
für das neue soziale Evangelium zu ebnen

او د مثال په زور ښه کوي چي د نوي تولنیز انجیل لپاره لاره هواره کړی

Welch phantastische Bilder von der zukünftigen Gesellschaft, gemalt in einer Zeit, in der sich das Proletariat noch in einem sehr unterentwickelten Zustand befindet

چنین تصاویر خارق العاده از جامعه آینده ، در زمانی ترسیم شده است که پرولتاریا هنوز در یک وضعیت بسیار توسعه نیافته است

und sie hat immer noch nur eine phantastische Vorstellung von ihrer eigenen Stellung

و هنوز هم فقط یک تصور خیالی از موقعیت خود دارد

aber ihre ersten instinktiven Sehnsüchte entsprechen den Sehnsüchten des Proletariats

اما اولین آرزوهای غریزی آنها با آرزوهای پرولتاریا مطابقت دارد

Beide sehnen sich nach einem allgemeinen Umbau der Gesellschaft

دواړه د تولني د عمومي بیا رغوني هیله لري

Aber diese sozialistischen und kommunistischen Veröffentlichungen enthalten auch ein kritisches Element

اما این نشریات سوسیالیستی و کمونیستی دارای یک عنصر انتقادی نیز هستند

Sie greifen jedes Prinzip der bestehenden Gesellschaft an

دوی د موجوده تولني پر هر اصل برید کوي

Daher sind sie voll von den wertvollsten Materialien für die Aufklärung der Arbeiterklasse

از این رو آنها مملو از با ارزش ترین مواد برای روشن فکری طبقه کارگر هستند

Sie schlagen die Abschaffung der Unterscheidung zwischen Stadt und Land und der Familie vor

آنها پیشنهاد می کنند که تفاوت بین شهر و روستا و خانواده از بین برود.

die Abschaffung des Gewerbetreibens für Rechnung von Privatpersonen

د خصوصي اشخاصو لپاره د صنایعو د چلولو لغوه کول

und die Abschaffung des Lohnsystems und die Proklamation des sozialen Friedens

او د معاشونو د سیستم له منځه وړل او د تولنیز همغږی اعلانول

die Verwandlung der Funktionen des Staates in eine bloße
Aufsicht über die Produktion

د دولت د دندو بدلول يوازي د توليد د نظارت په توګه

Alle diese Vorschläge deuten einzig und allein auf das
Verschwinden der Klassengegensätze hin

همه اين پيشنهادات ، تنها به ناپديد شدن تضادهای طبقاتی اشاره می کند

Klassengegensätze waren damals gerade erst im Entstehen
begriffen

تضادهای طبقاتی ، در آن زمان ، فقط در حال ظهور بودند

In diesen Veröffentlichungen werden diese
Klassengegensätze nur in ihren frühesten, undeutlichen und
unbestimmten Formen anerkannt

، په دي خپرونو کي دا طبقاتی تضادونه يوازي په خپلو لومړنيو
ناڅرګندو او ناتعريف شکلونو کي پيژندل شوی دی

Diese Vorschläge haben also rein utopischen Charakter

بنابراين ، اين پيشنهادات کاملا اتوپيایی هستند

Die Bedeutung des kritisch-utopischen Sozialismus und des
Kommunismus steht in einem umgekehrten Verhältnis zur
historischen Entwicklung

اهميت سوسياليزم و کمونيزم انتقادی با توسعه تاريخی رابطه معکوس
دارد

Der moderne Klassenkampf wird sich entwickeln und
weiter konkrete Gestalt annehmen

مبارزه طبقاتی مدرن توسعه خواهد يافت و به شکل قطعی خود ادامه
خواهد داد

Dieses fantastische Ansehen des Wettbewerbs wird jeden
praktischen Wert verlieren

د سيالی څخه دا خيالی دريخ به ټول عملی ارزښت له لاسه ورکړی

Diese phantastischen Angriffe auf die Klassengegensätze
verlieren jede theoretische Rechtfertigung

اين حملات خيالی به تضادهای طبقاتی تمام توجيه های نظری را از
دست خواهد داد

Die Urheber dieser Systeme waren in vielerlei Hinsicht
revolutionär

د دي سيستمونو بنستګران ، له ډېرو اړخونو ، انقلابی وو

Aber ihre Jünger haben in jedem Fall bloße reaktionäre Sekten gebildet

اما شاگردان آنها ، در هر مورد ، فقط فرقه های ارتجاعی را تشکیل داده اند

Sie halten an den ursprünglichen Ansichten ihrer Meister fest

دوی د خپلو بادارانو اصلی نظریات تینگ ساتی

Aber diese Anschauungen stehen im Gegensatz zur fortschreitenden geschichtlichen Entwicklung des Proletariats

اما این دیدگاه ها در تضاد با پیشرفت تاریخی مترقی پرولتاریا است

Sie bemühen sich daher, und zwar konsequent, den Klassenkampf abzustumpfen

بنابراین ، آنها تلاش می کنند ، و آن هم به طور مداوم ، مبارزه طبقاتی را از بین ببرند

Und sie bemühen sich konsequent, die Klassengegensätze zu versöhnen

و آنها به طور مداوم تلاش می کنند تا تضادهای طبقاتی را با هم مصالحه کنند

Noch träumen sie von der experimentellen Umsetzung ihrer gesellschaftlichen Utopien

دوی اوس هم د خپلو تولنیزو یوتوپیا تجربوی تحقق خوبونه لری.

sie träumen immer noch davon, isolierte "Phalanster" zu gründen und "Heimatkolonien" zu gründen

دوی اوس هم د منزوی "فالانستر "د بنستّ اینسودلو او د "کورنی مستعمرو "د جورولو خوبونه لری.

sie träumen davon, eine "Kleine Ikaria" zu errichten – Duodecimo-Ausgaben des Neuen Jerusalem

دوی د نوی بیت المقدس د "لیټل ایکاریا "د جورولو خوبونه لری.

Und sie träumen davon, all diese Luftschlösser zu verwirklichen

او دوی خوبونه لری چی دا ټولی کلاګانی په هوا کی درک کری

Sie sind gezwungen, an die Gefühle und den Geldbeutel der Bourgeoisie zu appellieren

هغوی مجبوره دی چی د بورژوازی احساساتو او بکسونو ته مراجعه وکری

Nach und nach sinken sie in die Kategorie der oben
dargestellten reaktionären konservativen Sozialisten

به تدریج آنها در طبقه بندی ارتجاعی محافظه کار سوسیالیست ها قرار
می گیرند که در بالا به تصویر کشیده شد

sie unterscheiden sich von diesen nur durch systematischere
Pedanterie

دوی له دې څخه یوازي د دیر سیستماتیک پیدنتری له لاري توپیر لري

und sie unterscheiden sich durch ihren fanatischen und
abergläubischen Glauben an die Wunderwirkungen ihrer
Sozialwissenschaft

او د تولنیزو علومو د معجزاتی تاثیراتو په اره د متعصبانه او خرافاتی
عقیدي له مخي توپیر لري

Sie widersetzen sich daher gewaltsam jeder politischen
Aktion der Arbeiterklasse

بنابراین آنها با خشونت با هر گونه اقدام سیاسی از سوی طبقه کارگر
مخالفت می کنند

ein solches Handeln kann ihrer Meinung nach nur aus
blindem Unglauben an das neue Evangelium resultieren

د هغوی په وینا ، داسي عمل یوازي په نوی انجیل باندي د روند بی
اعتقادی له امله پایله کېدای شی

Die Oweneisten in England und die Fourieristen in
Frankreich stehen den Chartisten und den "Réformisten"
entgegen

په انګلستان کي اووینیت، او په فرانسه کي فوریریس، په ترتیب سره د
چارتیست او "ریفورمیستس "مخالفت کوی

- 94 -

Stellung der Kommunisten zu den verschiedenen
bestehenden Oppositionsparteien
د مختلفو موجودو مخالفو ګوندونو په اړه د کمونیستانو موقف

Abschnitt II hat die Beziehungen der Kommunisten zu den
bestehenden Arbeiterparteien deutlich gemacht

بخش دوم روابط کمونیست ها را با احزاب موجود طبقه کارگر روشن
کرده است

wie die Chartisten in England und die Agrarreformer in
Amerika

لکه په انګلستان کې چارتیست، او په امریکا کې د زراعتی اصلاحاتو

Die Kommunisten kämpfen für die Erreichung der
unmittelbaren Ziele

کمونیست ها برای رسیدن به اهداف فوری مبارزه می کنند

Sie kämpfen für die Durchsetzung der momentanen
Interessen der Arbeiterklasse

آنها برای اجرای منافع لحظه ای طبقه کارگر مبارزه می کنند

Aber in der politischen Bewegung der Gegenwart
repräsentieren und kümmern sie sich auch um die Zukunft
dieser Bewegung

اما در جنبش سیاسی حال ، آنها همچنین نماینده گی می کنند و از آینده آن
جنبش مراقبت می کنند

In Frankreich verbünden sich die Kommunisten mit den
Sozialdemokraten

در فرانسه کمونیست ها با سوسیال دموکرات ها متحد می شوند

und sie positionieren sich gegen die konservative und
radikale Bourgeoisie

و خود را در مقابل بورژوازی محافظه کار و رادیکال قرار می دهند

sie behalten sich jedoch das Recht vor, eine kritische
Position gegenüber Phrasen und Illusionen einzunehmen,
die traditionell aus der großen Revolution überliefert sind

با این حال ، آنها این حق را برای خود محفوظ می دارند که در رابطه با
عبارات و توهمات که به طور سنتی از انقلاب بزرگ به ارث رسیده اند
موضع انتقادی اتخاذ کنند ،

In der Schweiz unterstützt man die Radikalen, ohne dabei aus den Augen zu verlieren, dass diese Partei aus antagonistischen Elementen besteht

در سوئیس آنها از رادیکالها حمایت می کنند ، بدون اینکه این واقعیت را از دست بدهند که این حزب از عناصر متخاصم تشکیل شده است

teils von demokratischen Sozialisten im französischen Sinne, teils von radikaler Bourgeoisie

بخشی از سوسیالیست های دموکرات ، به معنای فرانسوی ، بخشی از بورژوازی رادیکال

In Polen unterstützen sie die Partei, die auf einer Agrarrevolution als Hauptbedingung für die nationale Emanzipation beharrt

در لهستان آنها از حزب حمایت می کنند که اصرار بر انقلاب زراعتی به عنوان شرط اصلی آزادی ملی دارد

jene Partei, die 1846 den Krakauer Aufstand angezettelt hatte

هغه گوند چی په 1846 کال کی د کراکوف بغاوت ته لمن ووهله

In Deutschland kämpft man mit der Bourgeoisie, wenn sie revolutionär handelt

در آلمان هر زمان که بورژوازی به شیوه ای انقلابی عمل کند ، با آن می جنگند

gegen die absolute Monarchie, das feudale Eichhörnchen und das Kleinbourgeoisie

د مطلقه سلطنت ، د فیودالی سکوایراری او کوچنی بورژوازی په وراندي

Aber sie hören nicht auf, der Arbeiterklasse auch nur einen Augenblick lang eine bestimmte Idee einzuflößen

اما آنها هرگز ، برای یک لحظه ، یک ایده خاص را در طبقه کارگر القا نمی کنند

die klarste Erkenntnis des feindlichen Antagonismus zwischen Bourgeoisie und Proletariat

واضح ترین شناخت ممکن دشمنی بین بورژوازی و پرولتاریا

damit die deutschen Arbeiter sofort von den ihnen zur Verfügung stehenden Waffen Gebrauch machen können

تا کارگران آلمانی بتوانند بلافاصله از سلاح هایی که در اختیار دارند استفاده کنند

die sozialen und politischen Bedingungen, die die
Bourgeoisie mit ihrer Herrschaft notwendigerweise
einführen muss

شرایط اجتماعی و سیاسی که بورژوازی باید در کنار حاکمیت خود
معرفی کند

der Sturz der reaktionären Klassen in Deutschland ist
unvermeidlich

سقوط طبقات ارتجاعی در آلمان اجتناب ناپذیر است

und dann kann der Kampf gegen die Bourgeoisie selbst
sofort beginnen

او بیا به په خپله بورژوازی په وراندي مبارزه سمدلاسه پیل شی

Die Kommunisten richten ihre Aufmerksamkeit
hauptsächlich auf Deutschland, weil dieses Land am
Vorabend einer Bourgeoisie Revolution steht

کمونیست ها توجه خود را عمدتا به آلمان معطوف می کنند ، زیرا این
کشور در آستانه انقلاب بورژوازی قرار دارد

eine Revolution, die unter den fortgeschritteneren
Bedingungen der europäischen Zivilisation durchgeführt
werden muss

انقلابی که باید تحت شرایط پیشرفته تر تمدن اروپایی انجام شود

Und sie wird mit einem viel weiter entwickelten Proletariat
durchgeführt werden

و این کار باید با یک پرولتاریا بسیار پیشرفته تر انجام شود

ein Proletariat, das weiter fortgeschritten war als das
Englands im 17. und Frankreichs im 18. Jahrhundert

پرولتاریا چی په اوولسمه پیړی کی د انگلستان او په اتلسمه پیړی کی د
. فرانسي په پرتله ډېر پرمختللی و

und weil die Bourgeoisie Revolution in Deutschland nur das
Vorspiel zu einer unmittelbar folgenden proletarischen
Revolution sein wird

و به این دلیل که انقلاب بورژوازی در آلمان تنها مقدمه ای برای انقلاب
پرولتری خواهد بود

Kurz gesagt, die Kommunisten unterstützen überall jede
revolutionäre Bewegung gegen die bestehende soziale und
politische Ordnung der Dinge

به طور خلاصه ، کمونیست ها در همه جا از هر جنبش انقلابی علیه نظم موجود اجتماعی و سیاسی حمایت می کنند

In all diesen Bewegungen rücken sie als Leitfrage die Eigentumsfrage in den Vordergrund

در تمام این جنبش ها ، آنها به عنوان مسئله اصلی در هر یک ، مسئله مالکیت را به جلو می آورند

unabhängig davon, wie hoch der Entwicklungsstand in diesem Land zu diesem Zeitpunkt ist

مهم نه دی چی په هغه وخت کې په هغه هیواد کې څومره پرمختګ دی

Schließlich setzen sie sich überall für die Vereinigung und Zustimmung der demokratischen Parteien aller Länder ein

بالاخره ، آنها در همه جا برای اتحاد و توافق احزاب دموکراتیک تمام کشورها کار می کنند

Die Kommunisten verschmähen es, ihre Ansichten und Ziele zu verheimlichen

کمونیست ها از پنهان کردن نظریات و اهداف خود نفرت دارند

Sie erklären offen, dass ihre Ziele nur durch den gewaltsamen Umsturz aller bestehenden gesellschaftlichen Verhältnisse erreicht werden können

آنها آشکارا اعلام می کنند که اهداف آنها تنها با سرنگونی اجباری تمام شرایط اجتماعی موجود به دست می آید

Mögen die herrschenden Klassen vor einer kommunistischen Revolution zittern

پریږدئ چی حاکمي طبقې د کمونیستی انقلاب په وراندې ولرزیږی

Die Proletarier haben nichts zu verlieren als ihre Ketten

پرولتاریا جز زنجیر ها چیزی برای از دست دادن ندارند

Sie haben eine Welt zu gewinnen

دوی د ګټلو لپاره یوه نړۍ لری

ARBEITER ALLER LÄNDER, VEREINIGT EUCH!

د ټولو هیوادونو کارګران ، متحد شئ

www.ingramcontent.com/pod-product-compliance
Lightning Source LLC
Chambersburg PA
CBHW011741020426
42333CB00024B/2987